능력과 가치를
높이고 싶다면
된다!

기업, 관공서의 유료 강의 노하우를 한 권에!
147가지 예제와 동영상 강의로 배운다!

된다!

7일
실무
한글

호 기초부터 스타일, 메일 머지까지!

한정희 지음

구독자 15만 명!

▶ 짤막한 강좌의
동영상 강의 제공!

이지스퍼블리싱

능력과 가치를 높이고 싶다면
된다! 시리즈를 만나 보세요.
당신이 성장하도록 돕겠습니다.

된다! 7일 실무 한글
Gotcha! 7 Days Business Hanword

초판 발행 • 2023년 10월 12일
초판 3쇄 • 2024년 7월 5일

지은이 • 한정희
펴낸이 • 이지연
펴낸곳 • 이지스퍼블리싱(주)
출판사 등록번호 • 제313-2010-123호
주소 • 서울시 마포구 잔다리로 109 이지스빌딩 3층
대표전화 • 02-325-1722 | **팩스** • 02-326-1723
홈페이지 • www.easyspub.co.kr | **페이스북** • www.facebook.com/easyspub
Do it! 스터디룸 카페 • cafe.naver.com/doitstudyroom | **인스타그램** • instagram.com/easyspub_it

총괄 • 최윤미 | **기획 및 책임편집** • 임승빈 | **IT 1팀** • 임승빈, 이수경, 지수민
교정교열 • 박희정 | **표지 및 본문 디자인** • 트인글터 | **인쇄** • 명지북프린팅
마케팅 • 이나리 | **독자지원** • 박애림, 오경신
영업 및 교재 문의 • 이주동, 김요한(support@easyspub.co.kr)

ISBN 979-11-6303-510-7 13000
가격 18,000원

업무 시간을 확 줄이는 마법 같은 책!

관공서, 연수원에서 진짜 실무자들이 듣는 강의를 책으로 만나 보세요!

연수원에서 한글 프로그램 강의를 한 적이 있는데, 끝나고 나서 수강생의 한마디가 이 책을 집필하게 만든 계기가 되었습니다. 어릴적부터 써왔기에 한글 프로그램에 익숙하다던 그 수강생은 이렇게 말씀해 주셨습니다. "강사님 덕분에 야근해야 했던 작업을 이제는 30분 만에 끝낼 수 있어요. 정말 감사해요." 그때의 기억이 여러 해가 지난 지금도 생생합니다. 그런데 당시 가르쳤던 내용은 '한글의 기본기'에 불과했습니다.

오랜 강의 경험을 통해 많은 수강생의 질문이 거의 비슷하다는 사실을 알게 되었습니다. 그래서 이를 기반으로 업무 시간을 혁신적으로 줄일 수 있는 간편하면서도 실용적인 한글의 기능을 소개하는 강의를 준비해 올렸던 유튜브 강의의 조회수가 상당했고, 이런 경험에서 쌓인 노하우를 이번 《된다! 7일 실무 한글》에 모두 담았습니다.

이 책은 제가 두 번째로 집필한 《된다! 실무 엑셀 파워포인트 워드 & 한글》의 '한글' 부분을 기반으로 했으며, 기존 내용에 초보자를 위한 설명을 더했습니다. 그리고 표와 그림 활용 부분까지 다뤄서 한글을 한층 더 깊고 자세하게 배울 수 있습니다. 또한 '짤막한 강좌' 유튜브 채널에 쇼츠(Shorts)로 올렸던 한글 파일을 PDF 파일로 전환하는 내용과 고정폭 빈 칸 기능도 상세히 소개했으니 많은 도움을 얻어 가길 바랍니다. 마지막으로 이번 책에서 업데이트한 내용까지 반영한 '짤막한 강좌'를 통해 동영상 강의까지 무료로 제공합니다.

지금까지 두 권의 책을 집필하면서 항상 편집자 분들께 감사의 말씀을 전했지만, 이번에는 여러분께 감사 인사를 드리고 싶습니다. 여전히 제 강의를 사랑해 주시는 수강생 분들과 저를 응원해 주시는 기존 독자 여러분 덕분에 이 책을 완성할 수 있었습니다. 앞으로도 더 좋은 콘텐츠를 제작하기 위해 최선을 다하겠습니다.

한정희 드림

❶ 실습 파일을 먼저 준비하세요!

이지스퍼블리싱 홈페이지에 접속한 후 [자료실]에서 책 이름 혹은 '한글'을 검색하면 실습 파일을 내려받을 수 있습니다. 내려받은 파일은 압축 파일 형식으로 제공되므로 압축을 푼 후에 실습별 파일을 열어서 진행하세요.

- 이지스퍼블리싱(www.easyspub.co.kr) →
  [자료실] → '한글' 검색 → 실습 파일 내려받기

❷ 책 곳곳에 있는 QR코드를 스캔해 보세요!

본문에서 다루기에 비교적 덜 중요하거나 지면으로 설명하기 어려운 내용은 유튜브 동영상 강의와 연동하여 따로 설명합니다. 책 곳곳에 QR코드를 제공하여 해당 영상으로 쉽게 이동할 수 있도록 했습니다. QR코드를 스마트폰 등의 카메라 애플리케이션으로 인식해 보세요!

5. '수준3' 스타일의 글머리표, 글자 모양, 문단 모양 설정이 모두 끝나면 [추가]를 누릅니다. [스타일 목록]에 '수준3' 스타일이 추가됩니다.

함께 보면 좋은
동영상 강의

QR코드를 스캔하면 저자의
유튜브 영상과 연동됩니다!

반복하는 과정이긴 하지만 혹시 헷갈리거나 이 과정이 어렵게 느껴지는 분은 QR코드를 통해 동영상 강의를 참고하세요!

하면 된다! ▶ 스타일 단축키 변경하기

스타일은 단축키를 사용해 적용하면 편리합니다. 단축키는 Ctrl + 1에서 Ctrl + 0까지 10개를 지정해 사용할 수 있는데, '바탕글' 스타일을 제외한 나머지 스타일의 단축키를 변경할 수 있습니다. 그림 앞에서 추가한 '수준1', '수준2', '수준3' 스타일의 단축키를 변경해 보겠습니다.

질문 있어요! 도장을 그림 파일로 만드는 방법을 알고 싶어요!

실습에서는 도장 그림을 제공했지만, 파워포인트와 포토샵을 사용하면 여러분만의 도장을 그림 파일로 만들 수 있습니다. 도장을 그림 파일로 만드는 방법은 아래 링크를 통해 블로그 글을 확인하거나 오른쪽 QR코드를 스캔해 동영상 강의를 참고하세요.

함께 보면 좋은
동영상 강의

- https://2hanit.tistory.com/267

❸ 스스로 목표를 세우고 공부해 보세요!

한글에 빠르게 입문할 수 있는 방법! 공부 계획을 세워서 하나씩 실천해 보세요. 학습 목표를 알고 스스로 날짜를 채워 가며 공부하면 학습 효과가 2배!

• 3일 쾌속 입문 일정표

날짜	학습 목표	범위	쪽
1회 차 (월 일)	문서 작성 기본 이해하기	1장, 2장	12~125
2회 차 (월 일)	표와 그림	3장, 4장	126~205
3회 차 (월 일)	다양한 문서 작성과 인쇄	5장, 6장	206~303

• 7일 정석 입문 일정표

날짜	학습 목표	범위	쪽
1회 차 (월 일)	기본 문서 편집에 필요한 모든 것	1장	12~72
2회 차 (월 일)	제목 작성하고 빠르게 본문 꾸미기	2장	73~125
3회 차 (월 일)	본문을 돋보이게 만드는 표 활용법	3장	126~172
4회 차 (월 일)	그림 삽입과 배치	4장	173~205
5회 차 (월 일)	다양한 형식의 문서 작성법 1	05-1 ~ 05-3	206~236
6회 차 (월 일)	다양한 형식의 문서 작성법 2	05-4, 05-5	237~259
7회 차 (월 일)	문서 작성 마무리 작업과 인쇄	6장	260~303

무료 실무 한글 기초 강좌를 소개합니다!
실무에서 진짜 쓰는 노하우만 쏙쏙 골라 공부해 보세요!

정직하게 배워야 오래 남는다! 실무 문서 작성의 기본기인 '한글'을 잘 쓰고 싶다면 유튜브 '짤막한 강좌'의 영상과 함께 공부해 보세요. 책의 순서에 맞게 동영상 강의를 준비했습니다. 오른쪽의 QR코드를 스캔하거나 '짤막한 강좌' 유튜브 채널에 접속해 '한글' 재생 목록을 확인하세요!

'짤막한 강좌' 한글 강의 재생 목록

'짤막한 강좌' 유튜브 채널에 방문해 보세요!

구독자 15만! 총 조회수 2,000만! 실무의 벽에 막힌 직장인이 무조건 찾는 유튜브 채널! '짤막한 강좌'에서 한글뿐만 아니라 엑셀, 파워포인트, 워드 등 오피스 프로그램 활용법까지 배워 가세요!

- 유튜브 ▶ : youtube.com/짤막한강좌

짤막한 강좌
@hantip 구독자 15.6만명 동영상 532개
필요한 모든분들에게 도움이 되는 강좌가 되기를 바랍니다. >
hantip.net 외 링크 3개

핵심만 콕콕! 실무에서 자주 사용하는 기능을 뽑았습니다!

유튜브 '짤막한 강좌'의 조회수와 블로그의 방문자 수, 저자가 강의할 때 받은 질문의 빈도 등을 조사해 중요한 순서를 뽑았습니다.

직장인의 일과 삶을 풍족하게 만드는 방법을 다룬 이지스퍼블리싱 IT 블로그를 소개합니다!

나의 업무 능력과 가치를 높이고 싶다면 이지스퍼블리싱 블로그에 방문해 보세요! 실무에서 사용하는 오피스 프로그램은 물론 구글 업무 활용법과 포토샵, 일러스트레이터, 오토캐드와 같은 그래픽 프로그램, 아이패드 활용법, 블로그 운영법, 노션 활용법까지 알려 드립니다!

- 블로그: blog.naver.com/easyspub_it

편집자들의 생생한 편집 후기도 볼 수 있어요!

함께 성장하는 멋진 사람이 모인 공간! Do it! 스터디룸!

책으로 공부하다 보면 질문할 곳이 마땅치 않아 고민한 적 많았죠? 질문도 해결하고 발전하는 친구도 만날 수 있는 'Do it! 스터디룸'을 소개합니다. 함께 공부하면서 일취월장 발전하는 자신을 발견할 것입니다.

- Do it! 스터디룸: cafe.naver.com/doitstudyroom

온라인 독자 설문 — 보내 주신 의견을 소중하게 반영하겠습니다!

오른쪽 QR코드를 스캔하여 이 책에 대한 의견을 보내 주세요. 더 좋은 책을 만들도록 노력하겠습니다. 의견을 남겨 주신 분께는 보답하는 마음으로 다음 6가지 혜택을 드립니다.

❶ 추첨을 통해 소정의 선물 증정
❷ 이 책의 업데이트 정보 및 개정 안내
❸ 저자가 보내는 새로운 소식
❹ 출간될 도서의 베타테스트 참여 기회
❺ 출판사 이벤트 소식
❻ 이지스 소식지 구독 기회

01

기본 문서 편집에 필요한
모든 것

"앗! 이거 까먹고 있었네… 최 주임님!
내일까지 자료 부탁해요~"
갑작스런 보고 자료 준비 지시를 받은
최 주임. 이미 '짤막한 강좌'로 공부한
최 주임에게는 어려울 것이 없다. 화면
설정부터 가독성 높은 문서로 바꾸는
방법까지!
"'짤막한 강좌' 덕분에… 걱정 없다!"

01-1
편리한 문서 작성을 위한 화면 설정하기

• 실습 파일 01-1_실습.hwp

쪽 윤곽

문서를 작성할 때 기본 보기인 쪽 윤곽 보기로 두는 것이 좋습니다. 문서는 종이에 인쇄해야 각 쪽의 레이아웃을 확인할 수 있지만, 쪽 윤곽 보기에서도 여백과 쪽 번호 등 문서 모양을 화면으로 직접 보면서 편집할 수 있어 편리합니다.

쪽 윤곽 보기는 [보기] → [쪽 윤곽] 또는 단축키 Ctrl + G, L 을 누르면 됩니다.

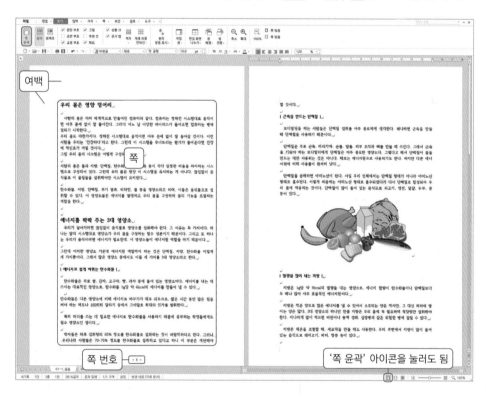

다시 [보기] → [쪽 윤곽] 또는 단축키 Ctrl + G, L 을 누르면 쪽 윤곽 보기가 취소되는데, 이 상태에서는 여백과 쪽 번호 등을 확인할 수 없고 쪽이 나누어지는 쪽 경계선은 점선으로 표시됩니다.

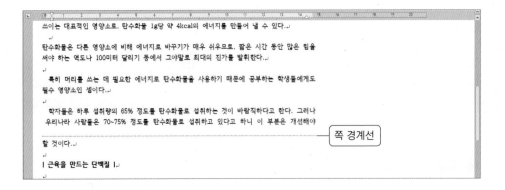

쓰이는 대표적인 영양소로, 탄수화물 1g당 약 4kcal의 에너지를 만들어 낼 수 있다.

탄수화물은 다른 영양소에 비해 에너지로 바꾸기가 매우 쉬우므로, 짧은 시간 동안 많은 힘을 써야 하는 역도나 100미터 달리기 등에서 그야말로 최대의 진가를 발휘한다.

특히 머리를 쓰는 데 필요한 에너지로 탄수화물을 사용하기 때문에 공부하는 학생들에게도 필수 영양소인 셈이다.

학자들은 하루 섭취량의 65% 정도를 탄수화물로 섭취하는 것이 바람직하다고 한다. 그러나 우리나라 사람들은 70~75% 정도를 탄수화물로 섭취하고 있다고 하니 이 부분은 개선해야 ── 쪽 경계선

할 것이다.

l 근육을 만드는 단백질 l

문단 부호

글자를 입력하고 [Enter]를 누르면 문단이 나누어집니다. 문단이 나누어진 위치에 줄바꿈 기호가 화면에 표시되는데 이를 문단 부호라고 합니다. 문단 부호는 편집 화면에서만 표시될 뿐이고 문서를 인쇄했을 때는 보이지 않습니다.

[보기] → [문단 부호]에 체크 표시를 하거나 단축키 [Ctrl] + [G], [T]를 누르면 문단 부호가 표시되고, 한 번 더 누르면 문단 번호가 보이지 않습니다. 평소 문서를 편집할 때 문단 부호를 표시해 두는 것이 좋습니다.

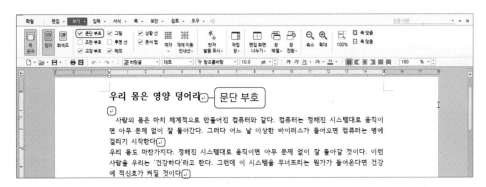

조판 부호

편집 과정에서 사용되는 여러 가지 명령은 화면에서는 보이지 않게 조판 부호로 기록하고 있습니다. [보기] → [조판 부호]에 체크 표시를 하거나 단축키 [Ctrl] + [G], [C]를 누르면 조판 부호가 표시됩니다. 실제 인쇄를 했을 땐 보이지 않지만, 조판 부호가 자리를 차지하면서 문단의 내용이 오른쪽으로 밀려 보이기 때문에 평소 편집할 때는 조판 부호를 표시하지 않습니다. 그러나 꼭 조판 부호를 확인해야 할 때가 있는데, 이 책에서 다양한 기능을 학습하면서 필요할 때마다 배워 보겠습니다.

그림

다음 예시와 같이 그림 위치에 엑스 박스가 표시될 때가 있습니다. [보기] → [그림]에 체크 표시가 되어 있지 않은 경우인데, 이렇게 그림을 감추는 것은 문서 편집의 속도를 빠르게 하기 위해서입니다. 문서에 그림이 많이 삽입되고 쪽수가 많으면 편집할 때 처리 속도가 떨어져 화면이 버벅거리는데, 이런 경우 사용하면 됩니다. 그림을 확인하려면 [그림]에 체크 표시를 하면 됩니다.

투명 선

다음 예시는 표를 만들어 레이아웃을 설정한 것입니다. 표의 선 종류를 '선 없음'으로 지정했더니 테두리가 보이지 않아 편집할 때 불편하죠. 이 경우 [보기] → [투명선]에 체크 표시를 해두면 빨간 점선으로 선이 표시되어 편집이 쉬워집니다. 평소 표시해 두고 사용하면 편리합니다.

투명 선이 보이지 않는 상태

투명 선이 보이는 상태

편집 화면 확대/축소

오른쪽 하단에 있는 [확대]와 [축소]를 누르거나 [확대/축소 슬라이더]를 좌우로 드래그해 편집 화면을 확대/축소할 수 있습니다. Ctrl 을 누른 상태에서 마우스 휠을 위/아래로 굴려도 됩니다.

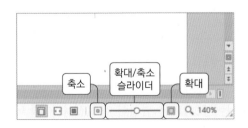

배율

[보기] → [쪽 맞춤]을 누르면 인쇄용지 상태로 확인할 수 있고, 100%를 누르면 실제 인쇄했을 때 크기로 보여 줍니다. 그리고 [폭 맞춤]을 누르면 화면 크기에 맞게 문서 폭이 꽉 차게 보입니다.

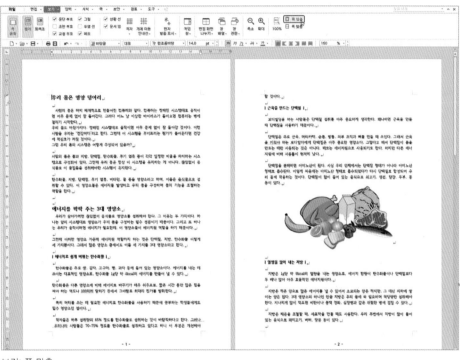

보기: 쪽 맞춤

보기: 100%

보기: 폭 맞춤

오른쪽 하단에 있는 [확대/축소 🔍]를 누르면 배율을 설정할 수 있습니다.

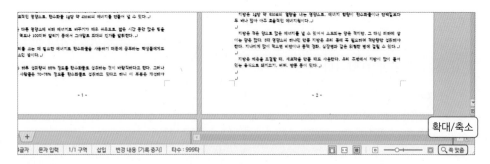

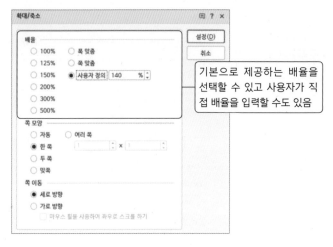

기본으로 제공하는 배율을 선택할 수 있고 사용자가 직접 배율을 입력할 수도 있음

쪽 모양

[쪽 모양]이 자동으로 되어 있으면 확대/축소에 따라 한 쪽에서 두 쪽으로, 더 축소했을 때는 세 쪽, 네 쪽으로 보입니다. 한 쪽만 보이도록 설정할 수 있고, 두 쪽이나 맞쪽으로 설정할 수도 있습니다.

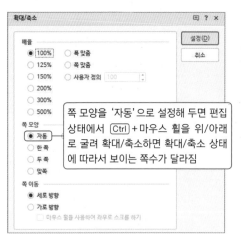

쪽 모양을 '자동'으로 설정해 두면 편집 상태에서 Ctrl + 마우스 휠을 위/아래로 굴려 확대/축소하면 확대/축소 상태에 따라서 보이는 쪽수가 달라짐

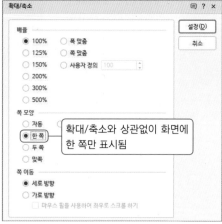

확대/축소와 상관없이 화면에 한 쪽만 표시됨

'맞쪽'은 문서를 제본했을 때 모양으로, 먼저 첫 번째 쪽이 보이고 펼쳤을 때 두 번째, 세 번째 쪽이 나란히 보이는 상태입니다. '두 쪽'은 첫 번째, 두 번째 쪽이 나란히, 그다음에 세 번째, 네 번째 쪽이 나란히 보이는 상태입니다.

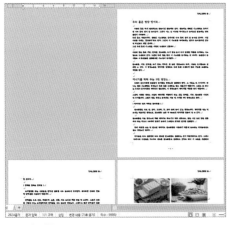

쪽 모양: 맞쪽

쪽 모양: 두 쪽

01-2
문서 작성과 저장, 불러오기

· 실습 파일 없음(새 문서)   · 완성 파일 01-2_완성_1~2.hwp

하면 된다! } 간단한 문서 작성하기

앞에서 배운 설정들을 기본으로 하여 간단한 문서를 작성해 보겠습니다.

1. 서식 도구 상자에서 [새 문서]를 누르거나 단축키 Alt + N을 누르면 새 문서가 열리고 커서가 깜박입니다. 커서 옆에 문단 부호가 있습니다.

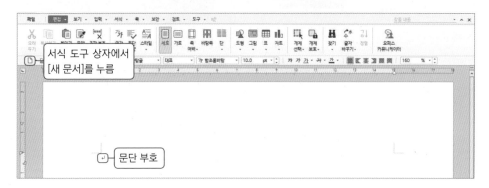

2. 커서 위치에 우리 몸은 영양 덩어리를 입력한 후 Enter를 누르면 문단이 바뀌고 그 위치에 문단 부호가 표시됩니다. 빈 줄을 추가하려면 Enter를 한 번 더 누르면 됩니다.

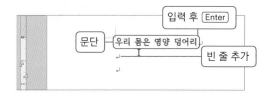

3. 사람의 몸은 마치 체계적으로 만들어진 컴퓨터와 같다. 컴퓨터는 정해진 시스템 대로 움직이면을 입력합니다. 이때 Enter를 눌러 줄을 변경하면 안 됩니다. 문단이 끝나지 않았다면 자동으로 줄 바꿈 되도록 계속 내용을 입력해야 합니다. 아무 문제 없이 잘 돌아간다. 그러나 어느 날 이상한 바이러스가 들어오면 컴퓨터는 병에 걸리기 시작한다.까지 입력한 후 Enter를 눌러 문단을 변경합니다. 아래쪽 단락도

마찬가집니다. 문단이 끝나지 않으면 [Enter]를 누르지 말고 계속 입력한 후 문단이 끝나는 위치에서 [Enter]를 누릅니다.

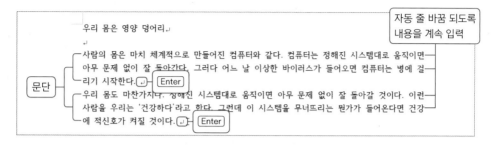

하면 된다! ▶ 문서 저장하기와 불러오기, 다른 이름으로 저장하기

완성한 문서를 한글 문서로 저장하는 방법과 불러오는 방법, 다른 이름으로 저장하는 방법을 배워 보겠습니다.

한글 문서(*.hwp)로 저장하기

❶ 서식 도구 상자에서 [저장하기 🖫]를 누르거나 단축키 [Alt] + [S]를 눌러 [다른 이름으로 저장하기]를 실행합니다.

❷ 왼쪽 탐색 창에서 저장 위치를 선택합니다.

❸ 파일 이름을 문서20230323으로 입력하고 ❹ [저장]을 누릅니다.

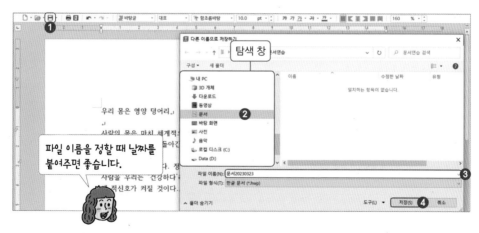

문서 불러오기

1. 서식 도구 상자에서 [불러오기
🖿▾]를 누르면 최근 작업 문서가 표
시되어 빠르게 문서를 불러올 수 있습
니다.

2. 최근 문서가 아니라면 [불러오기 🖿]를 누르거나 단축키 [Alt] + [O]를 눌러 ❶
저장된 위치에서 문서 파일을 선택한 후 ❷ [열기]를 누릅니다.

문서를 더블클릭해도
열 수 있습니다.

다른 이름으로 저장하기

1. ❶ 내용을 추가한 후 ❷ [저장하기] 또는 단축키 [Alt] + [S]를 누르면 화면에 변
화는 없지만 기존 데이터에서 추가된 내용을 포함해 저장됩니다.

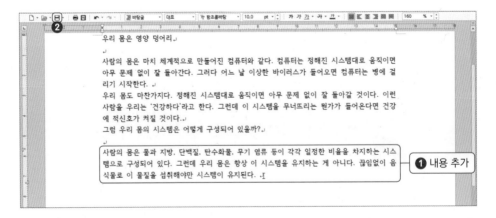

❶ 내용 추가

2. 기존 문서가 아닌 다른 이름으로 저장해 보겠습니다.

❶ 서식 도구 상자에서 [저장하기 ▾] → [다른 이름으로 저장하기] 또는 단축키 Alt + V 를 누릅니다.

❷ 문서20230323_수정으로 기존 파일명에 '_수정'을 붙여 입력합니다.

❸ [저장]을 누릅니다.

문서20230323_수정.hwp 파일이 하나 더 저장되었습니다.

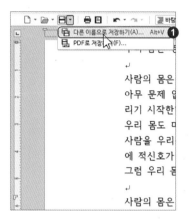
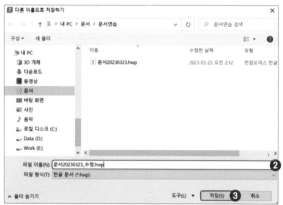

하면 된다! ⟩ PDF로 저장하기

문서를 교환 형식으로 저장하려면 PDF 형식으로 저장하면 됩니다.

❶ 서식 도구 상자에서 [저장하기 ▾] → [PDF로 저장하기]를 선택합니다.

❷ 파일 이름은 그대로 두고 [저장]을 누릅니다.

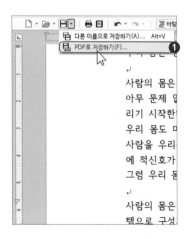
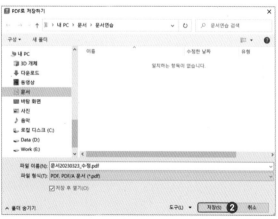

PDF로 변환된 문서가 자동으로 열립니다.

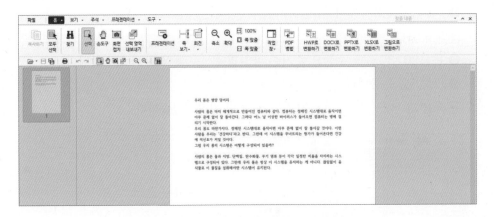

질문 있어요! 문서 작성 도중에 사라진 기본 도구 상자와 서식 도구 상자를 다시 나타내려면 어떻게 해야 하나요?

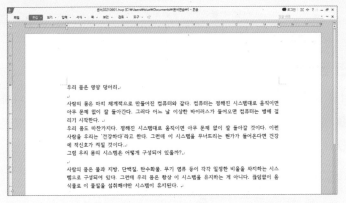

이 경우 메뉴에서 마우스 오른쪽 버튼을 눌러 [기본]과 [서식]을 선택하면 됩니다.

기본 도구 상자

서식 도구 상자

하면 된다! ⦆ 블록 저장하기

문서 일부 내용을 저장할 때 블록 저장을 하면 편리합니다. 용지 여백, 스타일 등 원본 문서의 설정이 그대로 유지된 상태에서 문서 일부 내용을 저장할 수 있습니다. 이번 실습은 01-2_실습.hwp 파일에서 진행합니다.

1. ❶ 문서 일부 내용을 블록으로 지정한 후 **❷** [파일] → [블록 저장]을 선택합니다.
❸ 저장할 위치를 선택해 파일명 보고서0923을 입력하고 **❹** [저장]을 누릅니다.

2. 저장된 보고서0923.hwp 파일을 열어 확인해 보면 원본 문서의 설정을 그대로 유지하면서 일부 내용만 저장된 것을 확인할 수 있습니다.

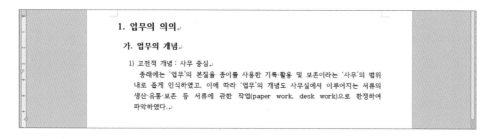

하면 된다! ⟩ 배포용 문서로 저장하기

다른 사람과 문서를 공유하려면 문서 내용을 수정하거나 추가, 삭제할 수 없도록 설정하는 [배포용 문서로 저장]을 사용하면 됩니다.

1. ❶ [보안] → [배포용 문서로 저장]을 선택합니다.

  ❷ [배포용 문서로 저장]에서 [쓰기 암호]와 [암호 확인]에 같은 암호를 입력한 후

  ❸ [저장]을 누릅니다.

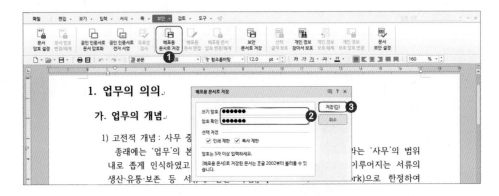

2. 배포용 문서로 저장되면 메뉴가 비활성화되어 사용할 수 없고 문서 내용을 수정할 수 없습니다. 그리고 블록으로 지정할 수 없어 복사를 할 수 없고 인쇄도 제한됩니다. 다른 사람과 문서를 공유할 때 읽기만 가능하도록 문서를 보호할 때 사용합니다.

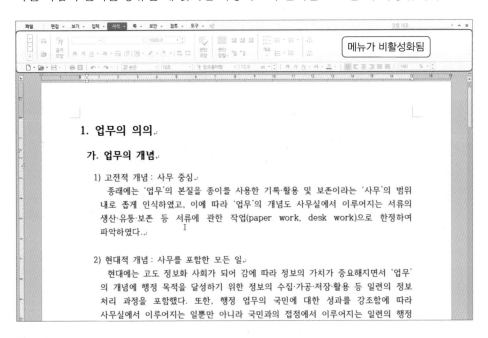

3. 배포용 문서를 취소해 보겠습니다.

❶ [보안] → [배포용 문서 암호 변경/해제]를 선택합니다.

❷ [현재 암호]에 암호를 입력하고 ❸ [해제]를 누릅니다.

 질문 있어요! '배포용 문서로 저장'의 나머지 옵션들이 궁금해요!

❶ **인쇄 제한:** 체크를 해제하면 배포용 문서로 저장되어도 인쇄는 가능합니다.

❷ **복사 제한:** 체크를 해제하면 문서 내용을 블록으로 지정하거나 내용을 복사할 수 있습니다.

하면 된다! ⟩ 문서 닫기

[파일] → [문서 닫기]를 누르거나 단축키 Ctrl + F4 를 눌러 문서를 닫습니다.

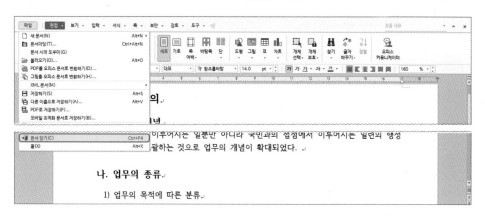

01-3
한자 변환과 특수 문자 입력하기

· 실습 파일 01-3_실습_1~2.hwp   · 완성 파일 01-3_완성_1~2.hwp

문서를 작성할 때 뜻을 명확하게 전달하기 위해 한자로 입력해야 하는 경우가 있습니다. 실습을 통해 한자로 변환하는 방법을 배워 보겠습니다.

하면 된다! 〉 한글을 한자로, 한자를 한글로 변환하기

한자 변환하기 실습은 01-3_실습_1.hwp 파일에서 진행합니다.

1. ❶ 한자로 변환할 '영양' 오른쪽에 커서를 두고 단축키 F9 를 눌러 [한자로 바꾸기]를 실행합니다.

❷ [한자 목록]에서 바꿀 한자를 선택하고 ❸ [바꾸기]를 누릅니다.

한자를 선택할 때 [자전 보이기]를 참고하면 한자의 뜻과 음을 확인할 수 있어 정확한 한자로 변환하는 데 도움이 됩니다. 변환된 한자를 다시 한글로 변환하려면 한자 오른쪽에 커서를 두고 F9 를 다시 누르면 됩니다.

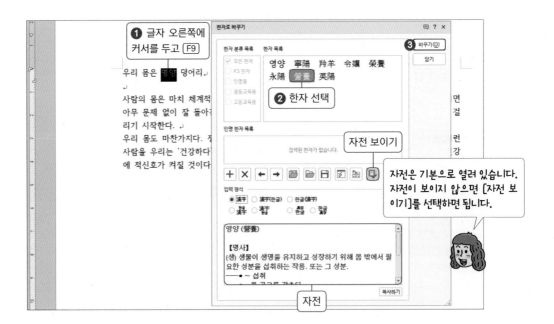

2. [F9]를 눌러 다시 [한자로 바꾸기]를 실행합니다. 한자로 변환할 때 다양한 입력 형식을 선택할 수 있습니다.

❶ [입력 형식]을 한글(漢字)로 선택한 후 ❷ [바꾸기]를 누릅니다.

3. 이번에는 '몸' 자를 한자로 변경하기 위해 ❶ '몸' 자 오른쪽에 커서를 두고 [F9]를 누릅니다. 오류 메시지 창이 뜹니다. '몸'은 한자가 없기 때문입니다.

❷ [확인]을 누릅니다.

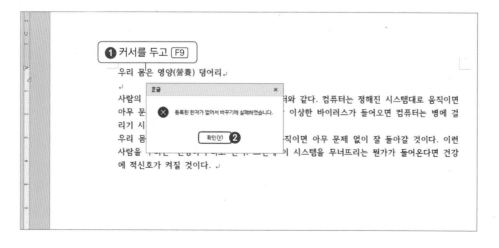

4. 몸을 뜻하는 '身' 자를 괄호 속에 표시해 보겠습니다.

❶ '몸' 자 오른쪽에 (신)을 입력한 후 '신' 자 오른쪽에 커서를 두고 F9 를 눌러 [한자로 바꾸기]를 실행합니다.

❷ [한자 목록]에서 身을 선택하고 ❸ [입력 형식]을 漢字로 바꾼 후 ❹ [바꾸기]를 누릅니다.

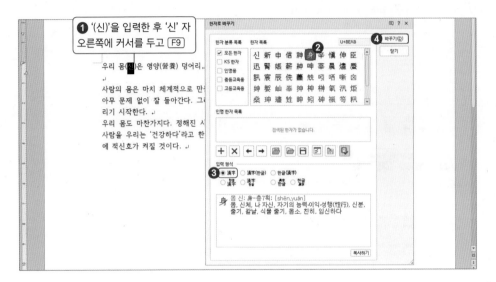

5. 다음 예시를 참고해서 한자로 변경해 보세요.

> 우리 몸(身)은 영양(營養) 덩어리.』
>
> 사람의 몸(身)은 마치 체계적으로 만들어진 컴퓨터와 같다. 컴퓨터는 정해진 시스템대로 움직이면 아무 문제 없이 잘 돌아간다. 그러다 어느 날 이상한 바이러스가 들어오면 컴퓨터는 병에 걸리기 시작한다. 』
> 우리 몸(身)도 마찬가지다. 정해진 시스템대로 움직이면 아무 문제 없이 잘 돌아갈 것이다. 이런 사람을 우리는 '건강(乾剛)하다'라고 한다. 그런데 이 시스템을 무너뜨리는 뭔가가 들어온다면 건강(乾剛)에 적신호(赤信號)가 켜질 것이다. 』

문자표

다음 엑셀 활용 능력 설문지에는 한글, 영어, 숫자뿐만 아니라 ※, ✓, ㉑, ㉢, ㉤ 등과 같은 기호와 원 문자가 입력되어 있습니다. 이와 같이 각종 기호들도 문서를 작성할 때 많이 사용되는데, 기호를 입력하려면 문자표를 사용하면 됩니다.

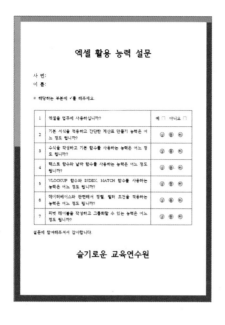

문자표는 '유니코드 문자표', 한글97에서 지원하던 '한글(NHC) 문자표', '완성형 (KS) 문자표', 문자를 찾기 쉽도록 유니코드 문자를 재구성한 '사용자 문자표'로 구성됩니다. 문서를 PDF로 변환해 다른 사람과 공유할 목적이라면 '한글(NHC) 문자표'는 변환 중에 일부 글자가 깨지는 문제가 있어 사용하지 않는 것이 좋습니다. 문자표를 사용할 땐 문자 영역이 직관적으로 되어 있는 '사용자 문자표' 사용을 추천합니다.

하면 된다! } 문자표에서 ※, ✓ 찾아 입력하기

설문지를 작성하면서 각종 기호를 입력해 보겠습니다. 이후 실습은 01-3_실습_2. hwp 파일에서 진행합니다.

1. ❶ 표 바로 위 문단 부호 위치에 커서를 두고 [입력] → [문자표] 또는 단축키 Ctrl + F10 을 눌러 [문자표]를 실행합니다.

❷ [사용자 문자표] 탭 → [기호1] 영역에서 ※를 선택하고 ❸ [넣기]를 누릅니다.

2. ※가 입력되었습니다. 이어서 입력해 보겠습니다.

❶ 해당하는 부분에를 입력한 후 ⌈Ctrl⌋ + ⌈F10⌋을 눌러 [문자표]를 실행합니다.

❷ [사용자 문자표] 탭 → [특수기호 및 딩뱃기호] 영역에서 ✓를 선택합니다.

❸ [넣기]를 누른 후 ❹ 를 해주세요.를 입력합니다.

3. 이번에는 '예 ☐ 아니요 ☐'를 입력해 보겠습니다.

일반적으로 예를 입력한 후 [사용자 문자표] 탭 → [기호1] 영역에서 ☐를 찾아 입력하고, 아니요를 입력한 후 다시 [사용자 문자표] 탭 → [기호1] 영역에서 ☐를 선택해 삽입합니다. 그러나 여기서는 좀 더 쉬운 방법으로 입력해 보겠습니다.

❶ [문자표]를 실행한 후 [사용자 문자표] 탭 → [기호1] 영역에서 ☐를 더블클릭하면 [입력 문자] 입력 창에 ☐가 입력됩니다.

❷ 계속해서 [입력 문자] 입력 창에 아니요를 입력하고 다시 ☐를 더블클릭한 후

❸ [넣기]를 누릅니다. 한 번에 '예 ☐ 아니요 ☐'가 입력됩니다.

이와 같이 연속적으로 기호를 입력할 땐 여러 번 문자표를 열어 기호를 입력할 필요 없이 한 번에 삽입할 수 있습니다.

※ 해당하는 부분에 ✓를 해주세요.

1.	엑셀을 업무에 사용하십니까?	예 □ 아니요 □
2.	기본 서식을 적용하고 간단한 계산표 만들기 능력은 어느 정도 됩니까?	
3.	수식을 작성하고 기본 함수를 사용하는 능력은 어느 정도 됩니까?	
4.	텍스트 함수와 날짜 함수를 사용하는 능력은 어느 정도 됩니까?	
5.	VLOOKUP 함수와 INDEX, MATCH 함수를 사용하는 능력은 어느 정도 됩니까?	
6.	데이터베이스와 관련해서 정렬, 필터 조건을 적용하는 능력은 어느 정도 됩니까?	
7.	피벗 테이블을 작성하고 그룹화할 수 있는 능력은 어느 정도 됩니까?	

글자 겹치기

이번에는 ㉑, ㉒, ㉓를 입력해 설문지를 완성하겠습니다. ㉑, ㉒, ㉓는 문자표에서 제공하지 않습니다. 문자표에서도 제공하지 않는 글자나 숫자의 원 문자는 글자 겹치기를 사용해 입력할 수 있습니다.

하면 된다! } 글자 겹치기로 ㉑, ㉒, ㉓ 입력하기

1. ㉑, ㉒, ㉓를 입력할 위치에 커서를 두고 [입력] → [입력 도우미] → [글자 겹치기]를 선택합니다.

❶ [겹치기 종류] 중 첫 번째 원 문자를 선택합니다.
❷ [겹쳐 쓸 글자] 입력 창에 상을 입력합니다. 미리 보기 창에 ㉑이 완성되었죠?
❸ [넣기]를 누릅니다.

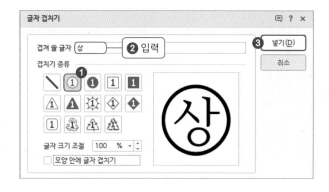

2. 글자 사이를 띄운 후 같은 방법으로 ⓒ, ⓗ도 입력합니다. 글자 겹치기로 작성한 ⓢ, ⓒ, ⓗ를 3번에서 7번까지 문항 설문에도 복사해 넣겠습니다. ⓢ, ⓒ, ⓗ를 블록으로 지정한 후 단축키 Ctrl + C 를 눌러 복사합니다.

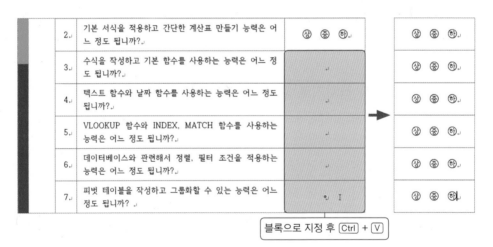

3. 3번에서 7번까지 문항 셀을 블록으로 지정한 후 단축키 Ctrl + V 를 눌러 붙이기 합니다.

01-4
블록 지정하기

• 실습 파일 01-4_실습.hwp

문서 편집 중 일부 내용을 지우거나 다른 위치로 이동/복사할 때는 해당 내용을 블록으로 지정해야 합니다. 그리고 문서의 가독성을 높이기 위해 글자 모양, 문단 모양을 적용할 때도 적용할 범위를 블록으로 지정해야 합니다. 블록은 단축키를 사용하거나 마우스로 지정할 수 있습니다. 단축키를 사용하면 글자 한 자 한 자 섬세하게 블록으로 지정하기 쉽고, 마우스를 사용하면 빠르게 블록으로 지정할 수 있습니다. 블록을 지정하는 다양한 방법을 익혀 두면 상황에 따라 편집 시간을 줄일 수 있습니다.

하면 된다! 〉 단축키 사용해 블록 지정하기

1. 블록으로 지정할 시작 위치에 커서를 두고 F3을 누른 후 방향키 →, ↓를 누르면 누른 만큼 오른쪽, 아래쪽으로 블록이 지정됩니다. 블록으로 지정하는 중에 다시 ←, ↑를 누르면 눌러 이동한 위치만큼 블록이 해제됩니다.

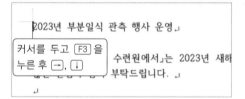
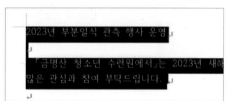

2. 다시 블록으로 지정할 위치에 커서를 두고 F3을 누른 후 End를 누르면 현재 커서 위치에서 그 줄 끝까지 블록이 지정됩니다. Esc를 누르면 블록이 해제됩니다.

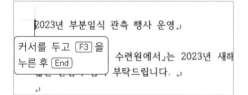
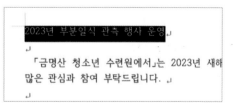

3. ❶ 이번에는 2023년 사이에 커서를 두고 F3 을 두 번 누릅니다. 어절이 블록으로 지정됩니다.

❷ 다시 F3 을 누르면 단락이 블록으로 지정됩니다.

❸ F3 을 한 번 더 누르면 문서 전체가 블록으로 지정됩니다.

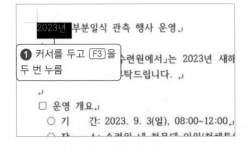

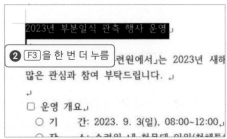

Ctrl + A 를 눌러도 문서 전체가 블록으로 지정됩니다.

블록 지정 단축키의 사용 규칙

1. 어절 사이에 커서를 두고 F3 을 한 번 누르면 블록으로 지정할 수 있는 상태가 됩니다.
2. F3 을 두 번 누르면 어절이 블록으로 지정됩니다.
3. F3 을 세 번 누르면 단락이 블록으로 지정됩니다.
4. F3 을 네 번 누르면 문서 전체가 블록으로 지정됩니다.

하면 된다! 〉 마우스를 사용해 블록 지정하기

1. 2023년~의 2 앞을 클릭한 후 오른쪽으로 드래그합니다. 드래그한 위치만큼 블록으로 지정됩니다. 블록을 해제하려면 아무 곳이나 클릭하면 됩니다.

2. ❶ 여백에 커서를 두고 클릭하면 한 줄의 내용이 모두 블록으로 지정됩니다.

    ❷ 더블클릭하면 문단이 블록으로 지정됩니다.

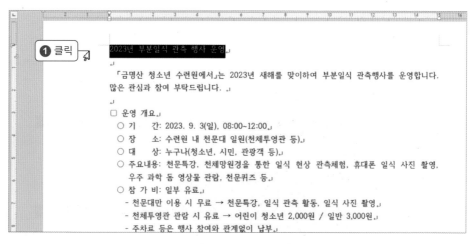

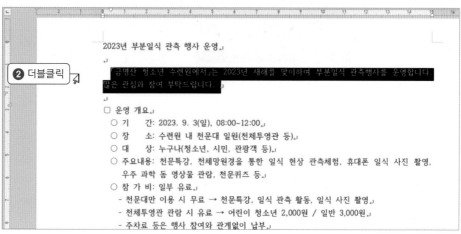

3. 여백에서 마우스 커서를 맞추고 아래로 드래그하면 줄 단위로 블록이 지정됩니다.

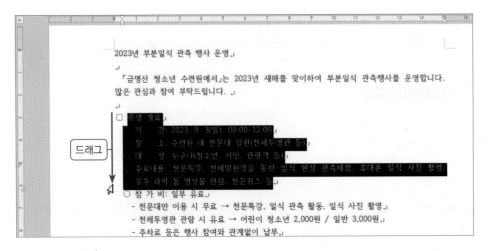

4. 여백에서 세 번 클릭하면 문서 전체가 블록으로 지정됩니다.

이렇게 블록으로 지정한 후 편집하면 효율적으로 작업할 수 있습니다!

01-5
가독성 높은 문서로 편집하기

• 실습 파일 01-5_실습.hwp   • 완성 파일 01-5_완성.hwp

문서의 가독성은 글꼴, 레이아웃, 자간, 행간, 여백 등에 따라 달라지는데, 가독성이란 문서를 얼마나 쉽게 읽을 수 있는지 나타내는 정도를 의미합니다. 문서를 편집할 때 글자 모양과 문단 모양을 적용해 가독성 높은 문서로 편집하는 방법은 중요합니다. 예시를 통해 글자 모양과 문단 모양을 적용하는 방법을 배워 보겠습니다.

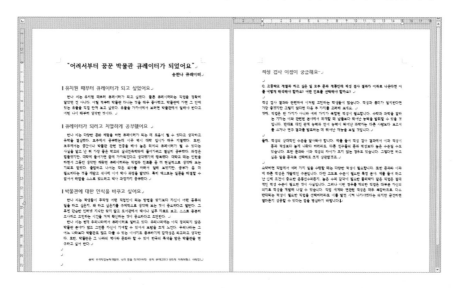

하면 된다! } 빠르게 문서 편집하기

1. ❶ 어려서부터~로 시작되는 제목을 블록으로 지정합니다.

❷ [글자 크기]는 16pt, ❸ [굵게], ❹ [가운데 정렬]을 선택합니다.

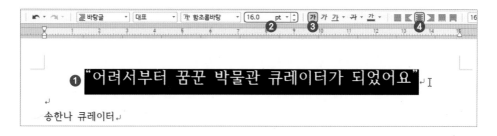

2. 송한나 큐레이터에 커서를 두고 [오른쪽 정렬]을 누르거나 단축키 Ctrl + Shift + R을 누릅니다. 하나의 문단을 정렬할 때에는 블록으로 지정할 필요가 없습니다. 커서만 두고 정렬하면 문단 단위로 정렬됩니다.

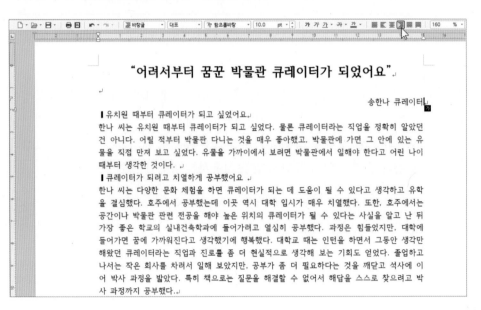

3. ❶ ▌유치원 때부터~로 시작되는 문단을 블록으로 지정합니다.

　❷ [글꼴]은 함초롬돋움, ❸ [글자 크기]는 14pt, ❹ [굵게], ❺ [글자 색]은 바다색으로 선택합니다.

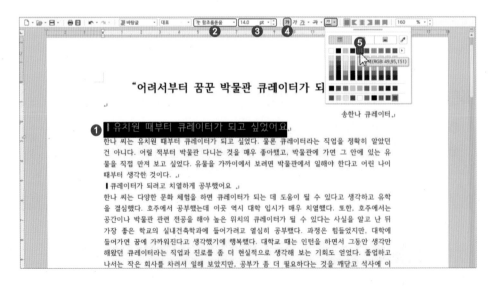

4. ❶ 문단 모양 단축키 `Alt` + `T`를 눌러 [문단 위] 간격을 20pt, [문단 아래] 간격을 5pt로 입력하고 ❷ [설정]을 누릅니다.

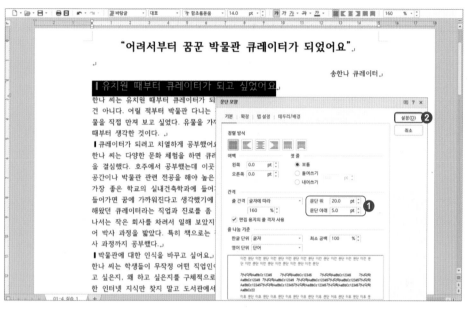

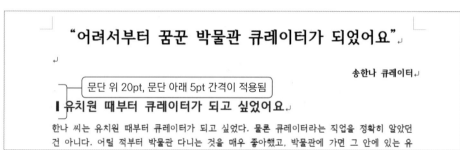

5. ❶ 한나 씨는~으로 시작하는 문단에 커서를 두고 `Alt` + `T`를 누릅니다.

❷ [문단 모양]에서 [왼쪽 여백] 10pt를 설정합니다.

❸ [첫 줄 들여쓰기] 10pt를 설정합니다. 첫 줄 들여쓰기는 문단의 첫 줄에만 적용됩니다.

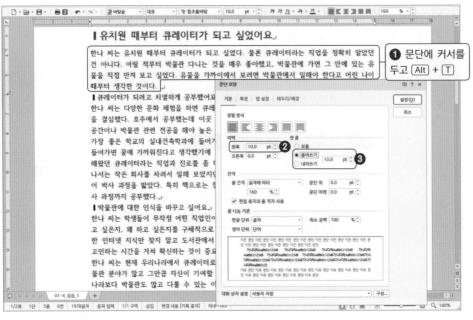

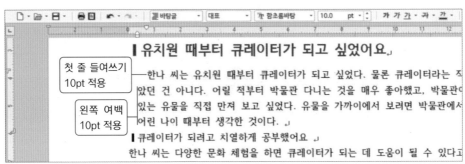

첫 줄 들여쓰기 10pt 적용

왼쪽 여백 10pt 적용

6. 문단의 왼쪽 여백과 첫 줄의 여백을 적용했더니 문단 끝에서 어절이 나누어집니다.

❶ 다시 [문단 모양]에서 [줄 나눔 기준]의 [한글 단위]를 어절로 변경한 후 ❷ [설정]을 누릅니다.

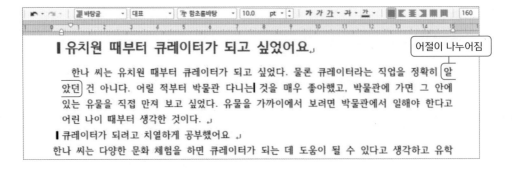

어절이 나누어짐

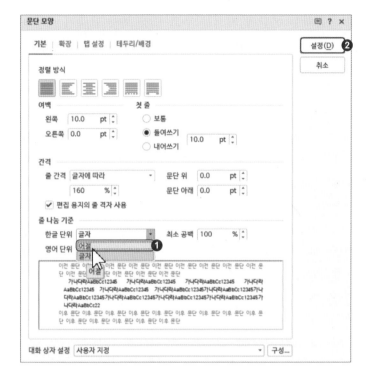

7. 어절 단위로 줄이 나누어져 알았던이 다음 줄에 표시됩니다.

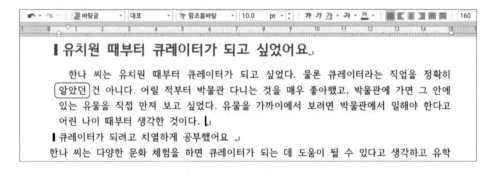

하면 된다! ┝ 모양 복사하기

현재 문서에는 앞서 설정했던 글자 모양과 문단 모양을 적용할 단락이 여러 개 있습니다. 같은 작업을 여러 번 적용해야 한다면 문서 편집 시간이 오래 걸리고 번거롭겠죠? 이 경우 모양 복사를 하면 됩니다.

1. ❶ 유치원 때부터~로 시작하는 문단에 커서를 두고 모양 복사 단축키 Alt +
   C 를 누릅니다.
   ❷ [모양 복사]에서 글자 모양과 문단 모양 둘 다 복사를 선택합니다.
   ❸ [복사]를 누릅니다.

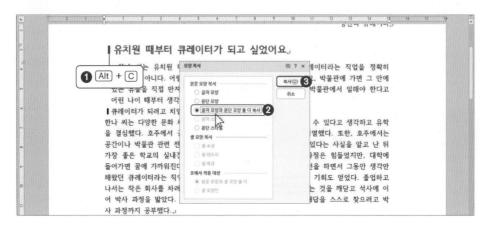

2. 큐레이터가 되려고~로 시작하는 문단을 블록으로 지정한 후 Alt + C 를 누릅
   니다. 모양이 복사되어 글자 모양과 문단 모양이 같아집니다.

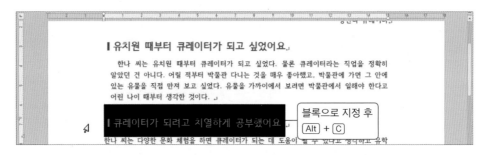

3. 박물관에 대한~으로 시작하는 문단도 블록으로 지정한 후 Alt + C 를 눌러 복사
   한 모양을 적용합니다.

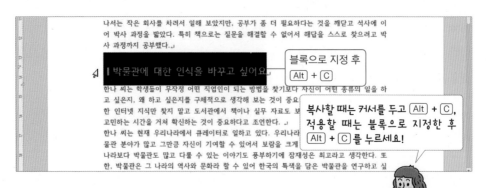

4. ❶ 한나 씨는~으로 시작하는 문단에 커서를 두고 Alt + C 를 누릅니다.

❷ [모양 복사]에서 글자 모양과 문단 모양 둘 다 복사를 선택합니다.

❸ [복사]를 누릅니다.

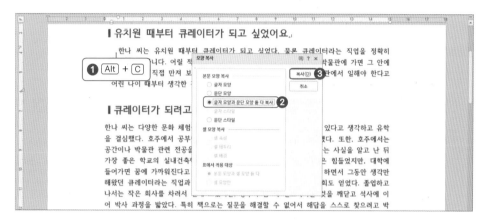

5. 모양을 적용할 문단을 블록으로 지정한 후 Alt + C 를 누릅니다. 그다음 문단에 모양을 적용할 때는 다시 복사할 필요 없이 적용하면 됩니다.

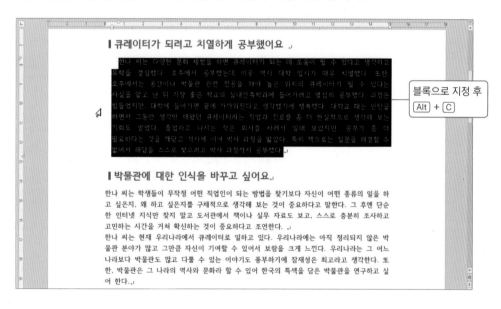

하면 된다! } 빠른 내어쓰기

1. 두 번째 쪽의 첫째, 직업은~으로 시작하는 문단에서 직 자 앞에 커서를 둔 후 내어쓰기 단축키 [Shift] + [Tab]을 누릅니다. 문단의 두 번째 줄부터 모두 직 자에 맞춰 정렬됩니다.

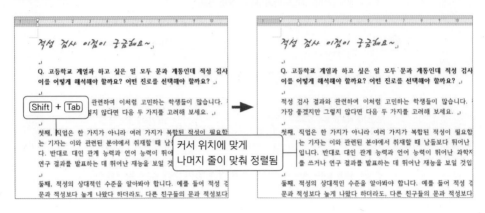

2. 둘째, 적성의~로 시작하는 문단의 적 자 앞에도 커서를 두고 [Shift] + [Tab]을 누릅니다. 마찬가지로 문단의 두 번째 줄부터 모두 적 자에 맞춰 정렬됩니다.

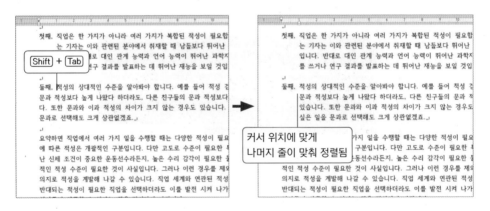

하면 된다! ⟩ 문단 순서 변경하고 줄 간격 조정하기

문서 편집이 거의 완료될 시점에 전체 내용의 흐름이 맞는지 확인한 후 문단의 순서를 변경하고 쪽에 맞게 줄 간격을 조정해 보겠습니다.

1. 순서를 변경해야 할 문단을 블록으로 지정한 후 [Alt] + [Shift] + [↑]나 [↓]를 누릅니다. 아주 간단하게 문단 순서가 변경됩니다.

[Alt] + [Shift] + [↓]

■대한 인식을 바꾸고 싶어요.」

한나 씨는 학생들이 무작정 어떤 직업인이 되는 방법을 찾기보다 자신이 어떤 종류의 일을 하고 싶은지, 왜 하고 싶은지를 구체적으로 생각해 보는 것이 중요하다고 말한다. 그후엔 단순한 인터넷 지식만 찾지 말고 도서관에서 책이나 실무 자료도 보고, 스스로 충분히 조사하고 고민하는 시간을 거쳐 확신하는 것이 중요하다고 조언한다.」

한나 씨는 현재 우리나라에서 큐레이터로 일하고 있다. 우리나라에는 아직 정리되지 않은 박물관 분야가 많고 그만큼 자신이 기여할 수 있어서 보람을 크게 느낀다. 우리나라는 그 어느 나라보다 박물관도 많고 다룰 수 있는 이야기도 풍부하기에 잠재성은 최고라고 생각한다. 또한, 박물관은 그 나라의 역사와 문화라 할 수 있어 한국의 특색을 담은 박물관을 연구하고 싶어 한다.」

■박물관에 대한 인식을 바꾸고 싶어요.」

한나 씨는 현재 우리나라에서 큐레이터로 일하고 있다. 우리나라에는 아직 정리되지 않은 박물관 분야가 많고 그만큼 자신이 기여할 수 있어서 보람을 크게 느낀다. 우리나라는 그 어느 나라보다 박물관도 많고 다룰 수 있는 이야기도 풍부하기에 잠재성은 최고라고 생각한다. 또한, 박물관은 그 나라의 역사와 문화라 할 수 있어 한국의 특색을 담은 박물관을 연구하고 싶어 한다.」

한나 씨는 학생들이 무작정 어떤 직업인이 되는 방법을 찾기보다 자신이 어떤 종류의 일을 하고 싶은지, 왜 하고 싶은지를 구체적으로 생각해 보는 것이 중요하다고 말한다. 그후엔 단순한 인터넷 지식만 찾지 말고 도서관에서 책이나 실무 자료도 보고, 스스로 충분히 조사하고 고민하는 시간을 거쳐 확신하는 것이 중요하다고 조언한다.」

2. 문서 전체 줄 간격을 조정해 보겠습니다.

❶ 줄 간격을 변경할 범위를 블록으로 지정한 후 [Alt] + [Shift] + [Z]를 누르면 [Z]를 누른 만큼 줄 간격을 늘릴 수 있습니다.

❷ 반대로 [Alt] + [Shift] + [A]를 누르면 [A]를 누른 만큼 줄 간격이 줄어듭니다.

문서 줄 간격은 160%가 기본값이며 단축키를 누를 때마다 줄 간격은 10%씩 늘어나고 줄어듭니다. 줄 간격 세부 설정을 하려면 서식 도구 상자의 [줄 간격] 입력 창에 직접 입력하면 됩니다. 또한 드롭다운 버튼을 눌러 빠르게 변경할 수 있습니다.

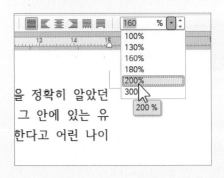

글자 모양과 문단 모양

글꼴

한글 2020의 기본 글꼴은 '함초롬바탕'입니다. 글꼴 종류가 많아 원하는 글꼴을 선택하기 쉽지 않다면 직접 글꼴 이름을 입력해 빠르게 찾을 수 있습니다.

 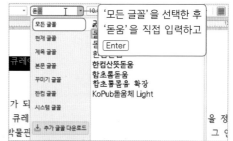

글자 크기를 변경하는 다양한 방법

❶ 변경할 내용을 블록으로 지정한 후 서식 도구 상자에서 [글자 크기]의 드롭다운 버튼을 눌러 목록에서 원하는 크기를 선택합니다.

❷ 목록에 없는 글자 크기를 적용하려면 [글자 크기] 입력 창에 직접 크기를 입력하고 Enter 를 누릅니다.

❸ 글자 크기를 키우거나 줄이는 버튼을 눌러 변경합니다. 버튼을 누른 횟수만큼 글자 크기를 키우거나 줄일 수 있습니다.

❹ 단축키를 사용하면 빠르게 글자 크기를 변경할 수 있습니다. 블록으로 지정한 상태에서 Ctrl +] 를 누르면] 를 누른 만큼 글자 크기를 키우고, Ctrl + [를 누르면 [를 누른 만큼 글자 크기를 줄입니다.

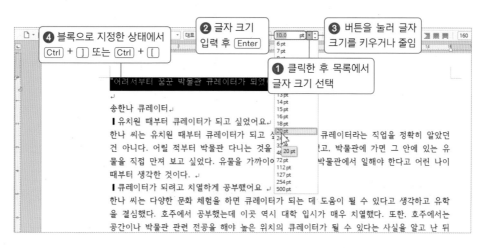

진하게, 기울임, 밑줄, 취소선, 글자 색

문서 일부 내용을 강조할 때 사용하는 기능들로 한글은 주로 진하게 설정하거나 글자 색을 변경하고, 영어와 숫자는 기울임을 적용합니다. 그리고 문서를 공유해 협업하는 경우 여러 종류의 밑줄과 취소선을 사용하기도 합니다.

강조할 내용을 블록으로 지정하고 서식 도구 상자에서 [진하게 깡] 또는 단축키 [Ctrl] + [B]를 누릅니다. [진하게]를 취소하려면 다시 [진하게]를 한 번 더 누르거나 [Ctrl] + [B]를 누르면 됩니다.

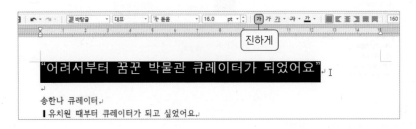

기울임을 적용할 내용을 블록으로 지정한 후 서식 도구 상자에서 [기울임 깡] 또는 단축키 [Ctrl] + [I]를 누르면 기울임이 적용되고, 다시 [기울임]을 한 번 더 누르거나 [Ctrl] + [I]를 누르면 기울임이 취소됩니다.

밑줄을 적용할 내용을 블록으로 지정하고 서식 도구 상자에서 [밑줄 깡] 또는 단축키 [Ctrl] + [U]를 누릅니다. [밑줄]의 드롭다운 버튼을 누르면 다양한 종류의 밑줄을 선택할 수 있고 밑줄 색도 변경할 수 있습니다. 다시 [밑줄]을 누르거나 [Ctrl] + [U]를 누르면 밑줄이 취소됩니다.

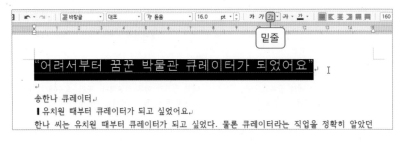

취소선을 적용할 내용을 블록으로 지정하고 서식 도구 상자에서 [취소선 ㉮]을 누릅니다. [취소선]의 드롭다운 버튼을 누르면 다양한 종류의 취소선을 선택할 수 있고 취소선 색도 변경할 수 있습니다. 다시 [취소선]을 누르면 취소선이 취소됩니다.

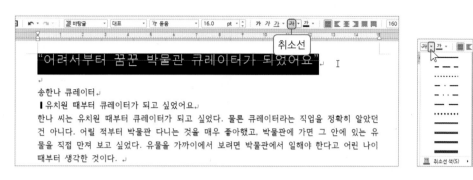

글자 색은 '테마 색', '표준 색', '최근에 사용한 색' 영역으로 구성되어 있습니다. [테마 색상표 ▶]를 눌러 다양한 색상 테마를 골라 사용할 수 있습니다.

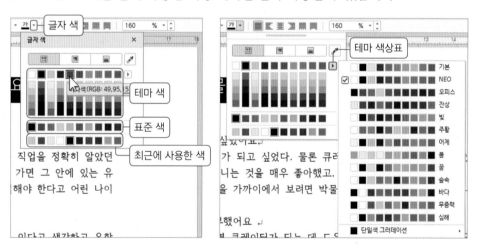

[글자 모양] 대화상자

[서식] → [글자 모양]을 선택하거나 단축키 [Alt] + [L]을 눌러 [글자 모양]을 실행하여 서식 도구 상자에서 적용할 수 없는 다양한 글자 모양을 적용할 수 있습니다. 자주 사용되는 몇 가지 글자 모양만 추가로 소개하겠습니다.

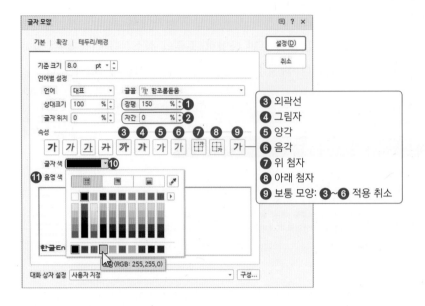

1 장평: 글자의 가로 폭을 줄이거나 늘립니다.

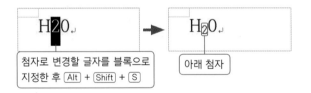

꿈꾼 **박물관 큐레이터**가 되었어요"

장평 150%

2 자간: 글자 사이의 간격을 조절합니다. 단축키 Alt + Shift + N을 누르면 N을 누른 만큼 자간이 좁아지고, Alt + Shift + W를 누르면 W를 누른 만큼 자간이 넓어집니다.

7 위 첨자, 8 아래 첨자: 단위나 화학식을 입력할 때 사용합니다. 위 첨자 단축키는 Alt + Shift + P, 아래 첨자 단축키는 Alt + Shift + S입니다.

H2O   ➡ H_2O

첨자로 변경할 글자를 블록으로
지정한 후 Alt + Shift + S

아래 첨자

10 글자 색: 글자에 색을 적용합니다.

11 음영 색: 글자에 배경색을 적용합니다.

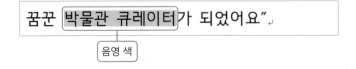

꿈꾼 **박물관 큐레이터**가 되었어요"

음영 색

문단 정렬

기본 정렬은 왼쪽 정렬이 아니고 양쪽 정렬입니다. 양쪽 정렬은 글자 간격을 조정해 문단의 양 끝을 나란하게 정렬하는 방식입니다.

양쪽 정렬(단축키 Ctrl + Shift + M)

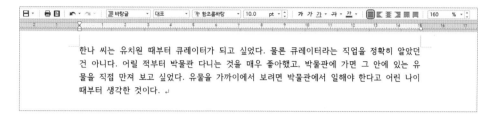

왼쪽 정렬(단축키 Ctrl + Shift + L)

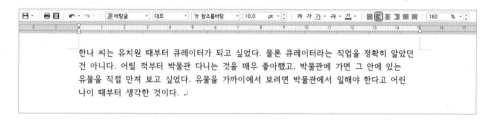

가운데 정렬(단축키 Ctrl + Shift + C)

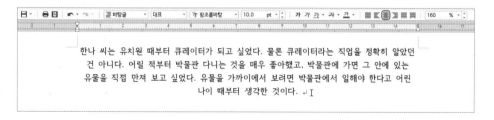

오른쪽 정렬(단축키 Ctrl + Shift + R)

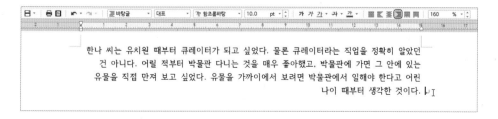

질문 있어요! 문서를 비교하면서 수정하고 싶어요!

한 문서 안에서 다른 페이지와 비교하며 수정하려면 [편집 화면 나누기] 기능을 사용해 보세요. 편집 화면을 나누어 한 문서를 '가로로 나누기', '세로로 나누기' 또는 '가로 세로 나누기' 할 수 있습니다. 여기서는 '세로로 나누기'를 해보겠습니다.

[보기] → [편집 화면 나누기] → [세로로 나누기]를 선택하거나 단축키 Ctrl + W, V를 누릅니다. 편집 화면이 나누어지면 문서를 보기 편하게 확대/축소해서 조절하면 됩니다.

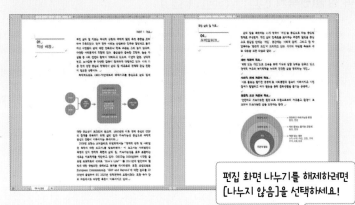

편집 화면 나누기를 해제하려면 [나누지 않음]을 선택하세요!

01-6
글머리표가 있는 문서 작성하기

• 실습 파일 01-6_실습.hwp   • 완성 파일 01-6_완성.hwp

글머리표를 붙여 수준별로 내용을 정리해 가독성 높게 편집해 보겠습니다. 글머리표는 □, ○, – 순으로 총 3개 수준이며, 다음 예시와 같이 입력하면서 글머리표를 삽입하는 방법을 배워 보겠습니다.

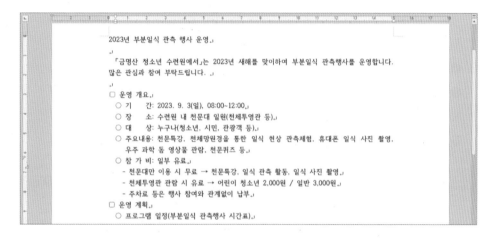

하면 된다! } 글머리표가 있는 문서 작성하기

1. 마우스 오른쪽 버튼을 눌러 [글머리표 및 문단 번호]를 선택하거나 단축키 Ctrl + K, N을 누릅니다.

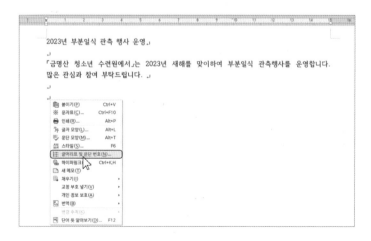

2. ❶ [글머리표] 탭을 선택한 후 **❷** [글
머리표 모양]에서 모양 하나를 선택
하고 **❸** [사용자 정의]를 누릅니다.

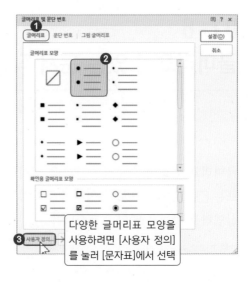

다양한 글머리표 모양을
사용하려면 [사용자 정의]
를 눌러 [문자표]에서 선택

3. ❶ [글머리표 사용자 정의 모양]에서 [문자표]를 누릅니다.

❷ [유니코드 문자표] 탭 → [도형 기호] 영역에서 □를 선택한 후 **❸** [넣기]를 누
릅니다.

❹, ❺ [설정]을 순서대로 눌러 대화상자를 닫습니다.

4. 운영 개요라고 입력한 후 [Enter]를 누르면 글머리표 □가 자동으로 입력됩니다.

5. 계속해서 두 번째 수준에 해당하는 글머리표 ○를 삽입하겠습니다.
마우스 오른쪽 버튼을 눌러 [글머리표 및 문단 번호]를 선택한 후 [글머리표] 탭 → [사용자 정의]를 누릅니다.

6. ❶ [글머리표 사용자 정의 모양]에서 [문자표]를 누릅니다.

❷ [유니코드 문자표] 탭 → [도형 기호] 영역에서 ○를 선택한 후 ❸ [넣기]를 누릅니다.

❹, ❺ [설정]을 순서대로 눌러 대화상자를 닫습니다.

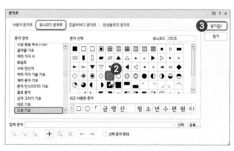

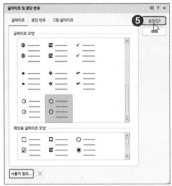

7. 기　　간:을 입력한 후 한 칸을 띄우고 2023. 9. 3(일), 08:00~12:00를 입력하고 Enter를 누르면 글머리표 ○가 자동으로 입력됩니다. 기　　간:의 글자 사이는 4칸을 띄어쓰기 합니다.

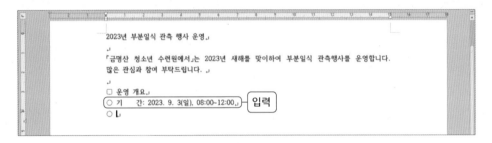

8. 나머지 내용을 입력합니다. 장　　소:, 대　　상: 글자 사이도 4칸을 띄어쓰기 해서 주요내용:과 너비를 맞추고, 참 가 비:는 사이를 1칸씩 띄어쓰기 합니다.

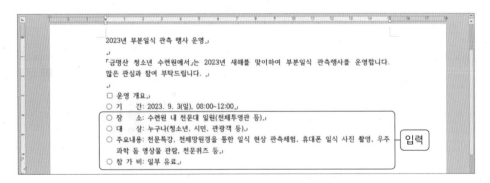

9. 세 번째 수준의 글머리표 -을 삽입해 보겠습니다. [글머리표 및 문단 번호]를 실행하고 [사용자 정의]를 누릅니다.

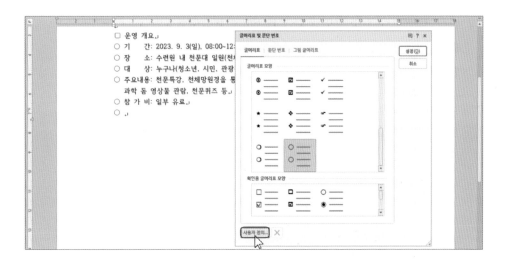

10. ❶ [글머리표 문자]에 −을 입력하고 **❷** [설정]을 누릅니다. −(하이픈)은 키보드로 입력할 수 있어 문자표에서 입력할 필요가 없습니다.

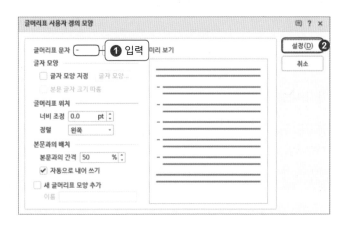

11. 천문대만 이용 시 무료를 입력한 후 Alt + 4 1 4 4 6 을 입력해 → 를 입력하고 예시와 같이 내용을 모두 입력합니다.

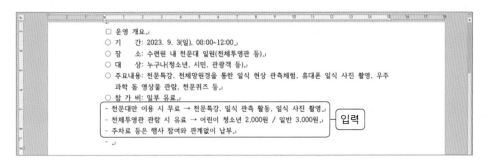

12. 다시 첫 번째 수준의 글머리표 □를 삽입하겠습니다.

❶ [글머리표 및 문단 번호]를 실행하고 [사용자 정의]를 누릅니다.

❷ [글머리표 사용자 정의 모양]에서 [문자표]를 눌러 ❸ [최근 사용한 문자]에서
□를 선택하고 ❹ [넣기]를 누릅니다.

13. 앞서 배운 방법대로 나머지 내용을 입력합니다.

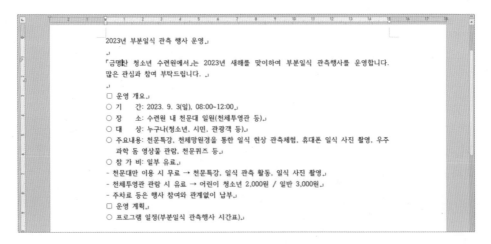

하면 된다! } 왼쪽 여백 설정해 수준별 가독성 높이기

1. ❶ 「금명산 청소년 수련원에서」~로 시작하는 문단에서 문단 모양 단축키 Ctrl +
T 를 누릅니다.

❷ [첫 줄]에서 [들여쓰기]를 선택하면 10pt가 입력됩니다. 문단의 첫 줄은 2칸을
띄어쓰기 합니다. 5pt가 스페이스 바를 한 번 눌렀을 때 1칸을 띄어쓰기 한 것이
고, 10pt는 2칸을 띄어쓰기 한 것과 같습니다.

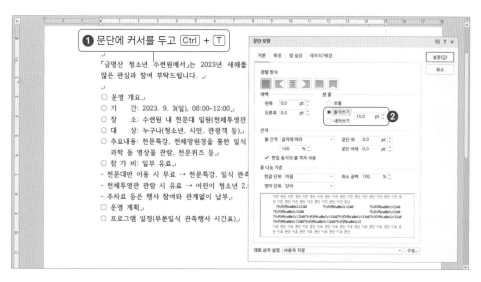

2. ❶ 두 번째 수준을 블록으로 지정하고 Alt + T 를 눌러 [문단 모양]을 실행합니다.

❷ [왼쪽 여백]에 10을 입력하고 ❸ [줄 나눔 기준]의 [한글 단위]를 어절로 선택
한 후 ❹ [설정]을 누릅니다.

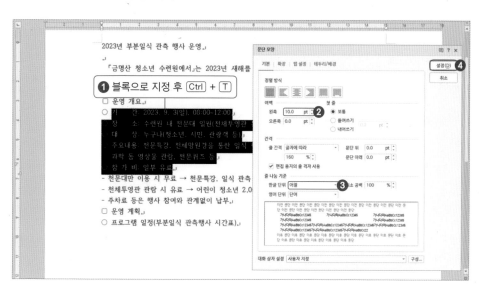

3. ❶ 이번에는 세 번째 수준을 블록으로 지정한 후 [문단 모양]을 실행합니다.

❷ [왼쪽 여백]에 20을 입력하고 ❸ [설정]을 누릅니다.

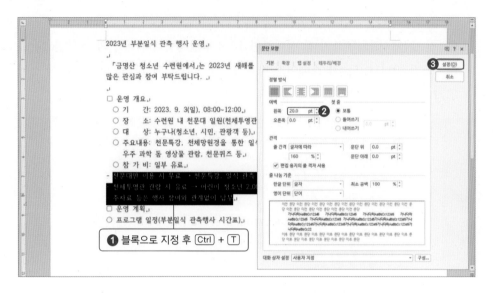

4. '☐ 운영 계획' 아래에 있는 두 번째 수준은 '01-5 가독성 높은 문서로 편집하기'에서 배운 모양 복사를 해 문단 모양을 적용해 보겠습니다.

❶ '☐ 운영 개요' 아래에 있는 두 번째 수준의 내용에 커서를 두고 모양 복사 단축키 [Alt] + [C]를 누릅니다.

❷ [본문 모양 복사]에서 [문단 모양]을 선택하고 ❸ [복사]를 누릅니다.

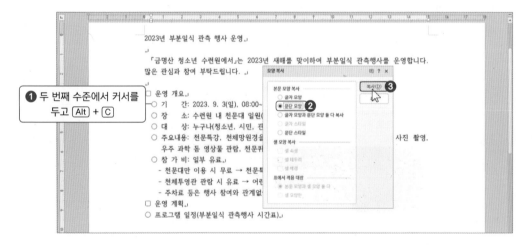

5. ○ 프로그램 일정~으로 시작하는 문단을 블록으로 지정하고 [Alt] + [C]를 누릅니다. 모양이 복사되어 왼쪽 여백이 적용됩니다.

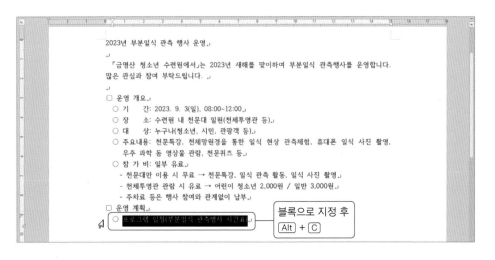

하면 된다! } 고정폭 빈 칸 삽입하기

○ 주요내용: 천문특강~ 문단을 보면 '천문특강'이 다른 단락과 다르게 들여쓰기 된 것을 알 수 있습니다. 이런 문제점이 발생하는 이유는 다른 문단은 한 줄에 입력되어 있지만 ○ 주요내용: ~ 문단은 다음 줄로 내용이 넘어가기 때문입니다. 한글의 기본 정렬은 양쪽 정렬입니다. 양쪽 정렬은 문단을 왼쪽과 오른쪽으로 가지런히 정렬하는 방식으로 양 끝을 맞추기 위해 자간을 자동으로 정렬합니다. 그래서 한 줄에 입력된 단락과 정렬이 맞지 않는 문제가 발생하는 겁니다. 이 문제를 해결하기 위해 고정폭 빈 칸을 삽입해 보겠습니다.

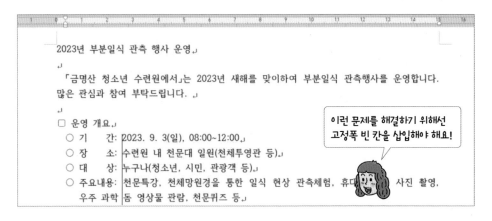

1. ○ 기　간:에서 ○ 참 가 비:까지 : 뒤의 빈 칸을 지웁니다.

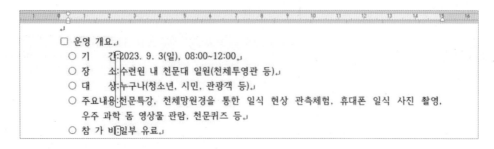

2. : 뒤에서 [Spacebar]가 아닌 [Alt] + [Spacebar]를 눌러 고정폭 빈 칸을 삽입합니다. 그러면 빈 칸이 자동으로 조정되는 것이 아니라 일정한 간격으로 고정되기 때문에 : 뒤의 내용이 정확하게 정렬됩니다. 고정폭 빈 칸을 한 번 삽입했을 때 사이가 좁으면 [Alt] + [Spacebar]를 두 번 누르면 됩니다.

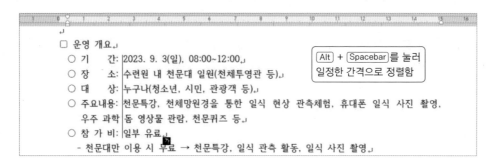

3. [보기] → [조판 부호]에 체크 표시를 하면 고정폭 빈 칸이 삽입된 것을 확인할 수 있습니다.

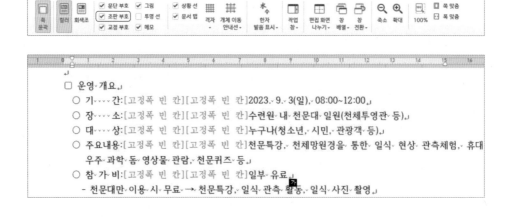

01-7
찾기 및 바꾸기

• 실습 파일 01-7_실습_1~2.hwp   • 완성 파일 01-7_완성_1~2.hwp

[찾기 및 바꾸기] 기능을 사용하면 분량이 많은 문서나 현재 편집하고 있는 문서에서 특정한 낱말을 빠르게 찾을 수 있습니다. 그리고 특정한 낱말(문자열)을 찾아서 다른 낱말로 바꿀 수 있고, 문서 전체에서 낱말을 찾아 일괄적으로 다른 낱말로 바꿀 수 있습니다. 선택 사항에서 세부 옵션을 지정하면 더 자세하고 다양하게 찾아 바꾸기를 할 수 있고, 특정 낱말에 일괄적으로 서식을 적용할 수도 있습니다.

하면 된다! ﹜ 특정 낱말 찾기

현재 문서에서 업무란으로 시작하는 내용을 빠르게 검색해 내용을 확인하려고 합니다. [찾기] 기능을 사용하면 일일이 줄을 읽어가며 찾을 필요가 없습니다.

1. 첫 번째 쪽의 본문 시작 부분에 커서를 두고 ❶ [편집] → [찾기]를 선택하거나 단축키 Ctrl + F 를 누릅니다.

❷ [찾을 내용]에 업무란을 입력한 후 ❸ [찾을 방향]을 아래로로 선택하고 ❹ [다음 찾기]를 누릅니다.

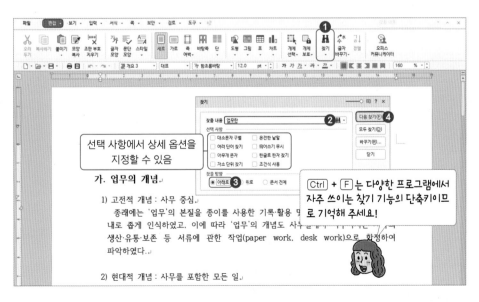

2. 업무란 낱말이 있는 위치로 화면이 스크롤되면서 해당 낱말이 블록으로 표시됩니다. 계속해서 [다음 찾기]를 누르면 업무란 낱말이 있는 위치를 찾아갑니다. 내용을 모두 확인했다면 [찾기] 창에서 [닫기]를 누릅니다.

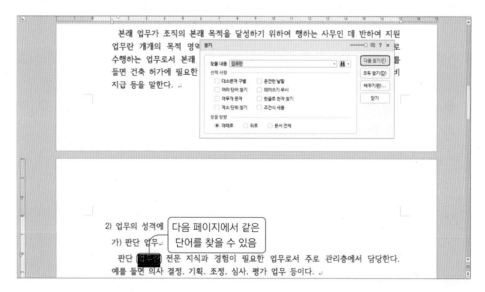

하면 된다! } 특정 낱말을 찾아 다른 낱말로 바꾸기

이번에는 문서 전체에서 특정 낱말을 찾아 일괄적으로 바꾸는 방법을 배워 보겠습니다.

1. 문서 전체에서 한꺼번에 낱말을 변경할 것이므로 커서 위치가 꼭 첫 쪽에 있을 필요는 없습니다. [편집] → [찾기] → [찾아 바꾸기]를 선택하거나 단축키 [Ctrl] + [F2]를 누릅니다.

2. ❶ [찾을 내용]에 업무를 입력하고 ❷ [바꿀 내용]에 사무를 입력합니다. [선택 사항]에 조사 자동 교정이 기본값으로 체크 표시되어 있습니다. 이 옵션이 선택 되어야지 바뀌는 낱말에 따라 '을(를)'과 같은 조사가 자동으로 교정이 됩니다. ❸ [찾을 방향]은 문서 전체로 선택하고 ❹ [모두 바꾸기]를 누릅니다.

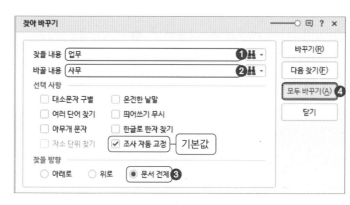

3. 바꾸기 횟수를 표시하는 메시지 창이 실행되고 업무가 모두 사무로 바뀌었습니다. [확인]을 눌러 메시지 창을 닫고 [찾아 바꾸기] 창에서 [닫기]를 누릅니다.

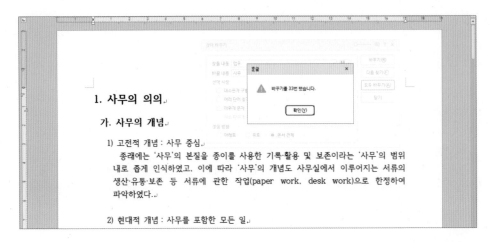

하면 된다! 〉 특정 낱말을 찾아 글자 색 바꾸기

낱말을 바꾸는 것뿐만 아니라 특정 낱말을 모두 찾아 글자 모양, 문단 모양을 변경할 수 있습니다. 이번에는 문서 전체에서 특정 낱말을 찾아 글자 색을 변경해 보겠습니다.

1. 단축키 Ctrl + F2 를 눌러 [찾아 바꾸기]를 실행한 후 ❶ [찾을 내용]에 사무, [바꿀 내용]에도 사무를 입력합니다.

❷ [바꿀 내용]에서 [서식 찾기]를 눌러 ❸ [바꿀 글자 모양]을 선택합니다.

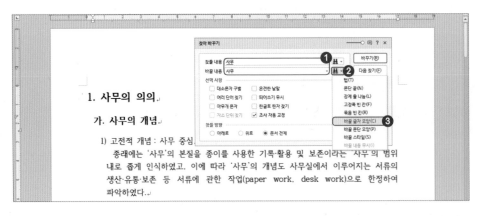

2. ❶ 글자 색 ▾을 눌러 보라(RGB: 157,92,187)를 선택하고 ❷ [설정]을 누릅니다.

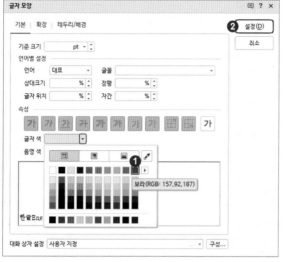

3. ❶ [찾을 방향]을 문서 전체로 선택한 후 ❷ [모두 바꾸기]를 누릅니다.
   ❸ 메시지 창이 나타나면 [확인]을 누릅니다.
   사무의 글자 색이 보라색으로 모두 변경되었습니다.

하면 된다! 〉 문단 나누기를 일괄적으로 취소하는 방법

웹 문서나 PDF 문서 일부를 한글에서 편집하려고 복사해 붙여넣으면 줄마다 문단이 나누어져 붙여집니다. 이 경우 일일이 (Delete)를 눌러 문단을 합치기에는 시간도 오래 걸리고 힘이 듭니다. 이 경우에도 [바꾸기] 기능을 활용해 문제를 해결할수 있습니다. 이번 실습은 01-7_실습_2.hwp 파일에서 진행합니다.

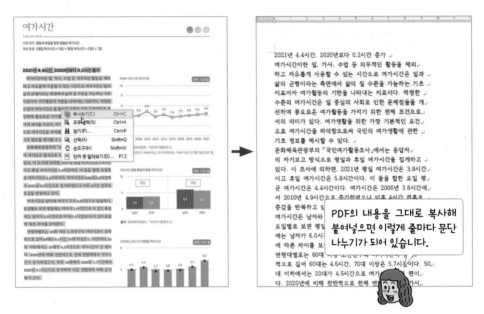

PDF의 내용을 그대로 복사해 붙여넣으면 이렇게 줄마다 문단 나누기가 되어 있습니다.

1. 단축키 (Ctrl) + (F2)를 눌러 [찾아 바꾸기]를 실행한 후 ❶ [찾을 내용]에 커서를 두고 ❷ [서식 찾기] → [문단 끝]을 선택합니다.

단축키 (Ctrl) + (H)를 눌러도 [찾아 바꾸기]를 실행할 수 있습니다. 엑셀, 파워포인트에서도 같은 단축키를 사용하므로 (Ctrl) + (H)를 기억해 주세요!

2. [찾을 내용]에 자동으로 ^n이 입력됩니다. ^n은 Enter 를 눌렀을 때 문단이 나누어지면서 생기는 문단 부호(↵)를 의미합다.

❶ [바꿀 내용]은 비워두고 ❷ [찾을 방향]은 문서 전체로 선택한 후 ❸ [모두 바꾸기]를 눌러 문서 전체에서 한 번에 바꿉니다.

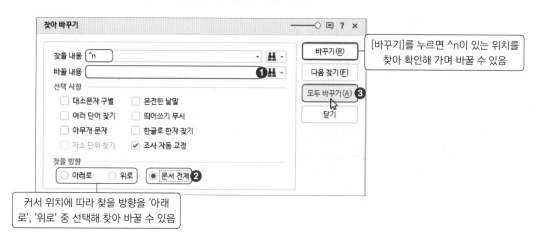

[바꾸기]를 누르면 ^n이 있는 위치를 찾아 확인해 가며 바꿀 수 있음

커서 위치에 따라 찾을 방향을 '아래로', '위로' 중 선택해 찾아 바꿀 수 있음

3. ❶ 메시지 창이 나타나면 [확인]을 누른 후 ❷ [찾아 바꾸기] 창에서 [닫기]를 누릅니다.

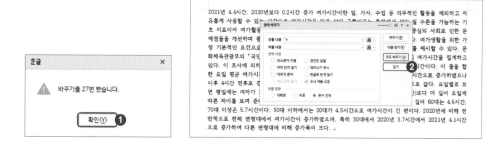

4. 문단 끝의 문단 부호가 모두 제거되었습니다. 이제 예제와 같이 필요한 위치에서 Enter 를 눌러 문단을 변경해 가며 편집하면 됩니다.

2021년 4.4시간, 2020년보다 0.2시간 증가 [Enter]

[Enter]

　여가시간이란 일, 가사, 수업 등 의무적인 활동을 제외하고 자유롭게 사용할 수 있는 시간으로 여가시간은 일과 삶의 균형이라는 측면에서 삶의 질 수준을 가늠하는 기초 지표이자 여가활동의 기반을 나타내는 지표이다. 적정한 수준의 여가시간은 일 중심의 사회로 인한 문제점들을 개선하며 풍요로운 여가활동을 가지기 위한 전제 조건으로서의 의미가 있다. [Enter]
여가생활을 위한 가장 기본적인 요건으로 여가시간을 파악함으로써 국민의 여가생활에 관한 기초 정보를 제시할 수 있다. [Enter]

　문화체육관광부의 「국민여가활동조사」에서는 응답자의 자기보고 방식으로 평일과 휴일 여가시간을 집계하고 있다. 이 조사에 의하면, 2021년 평일 여가시간은 3.8시간이고 휴일 여가시간은 5.8시간이다. 이 둘을 합한 요일 평균 여가시간은 4.8시간이다. 여가시간은 <u>2006년</u> 3.8시간에서 2010년 4.9시간으로 증가하였으나 이후 4시간 전후로 증감을 반복하고 있다. [Enter]

　여가시간은 남자와 여자가 모두 4.4시간으로 같다. 요일별로 보면 평일에는 여자가 3.9시간으로 더 길고 휴일에는 남자가 6.0시간으로 여자(5.6시간)보다 더 길어 요일에 따른 차이를 보여 준다. [Enter]

　연령대별로는 60대 이상 노인인구의 여가시간이 상대적으로 길어 60대는 4.6시간, 70대 이상은 5.7시간이다. 50대 이하에서는 20대가 4.5시간으로 여가시간이 긴 편이다. 2020년에 비해 전반적으로 전체 연령대에서 여가시간이 증가하였으며, 특히 30대에서 2020년 3.7시간에서 2021년 4.1시간으로 증가하여 다른 연령대에 비해 증가 폭이 크다.

02

제목 작성하고
빠르게 본문 꾸미기

"오~ 한글에 이런 기능이 있었네!"
워드랑 비슷해 보이는 한글! 그러나 한글을 공부
하다보니 워드와는 다른 매력에 푹 빠지게 된 최
주임. 한글에서도 스타일과 개요 모양을 설정하
면 보고서를 빠르게 편집할 수 있다는데…!
"개요 모양과 스타일 설정으로 깔끔하게 보고서
만들자!"

02-1
페이지 설정의 기본, 용지 종류와 여백

• 실습 파일 02-1_실습.hwp   • 완성 파일 02-1_완성.hwp

편집 용지 설정

편집 용지를 설정한다는 것은 문서를 편집할 용지의 종류(A4, B5 등)를 선택하고 용지의 방향을 세로 또는 가로로 작성할지, 상하/좌우 여백을 얼마나 설정할지 등을 미리 정하는 것입니다. 자주 작성하는 문서의 편집 용지를 미리 설정해 등록해 두고 필요할 때마다 불러와 사용하면 편리합니다.

먼저 용지 여백을 설정하고 편집 용지를 등록하는 방법을 배워 보겠습니다.

하면 된다! 〉 용지 여백 설정하고 편집 용지 등록하기

용지 종류와 방향 등 여백을 제외한 나머지 설정들은 모두 기본값 그대로 두고 여백만 변경해 편집 용지를 등록하겠습니다. 이번 실습은 [새 문서]에서 진행하겠습니다.

1. 새 문서에서 [쪽] → [편집 용지]를 선택하거나 단축키 F7 을 눌러 [편집 용지]를 실행합니다.

2. ❶ [용지 여백]을 위쪽 20mm, 아래쪽 15mm, 왼쪽/오른쪽 20mm, 머리말/꼬
리말 10mm로 입력하고 ❷ [설정]을 누릅니다.

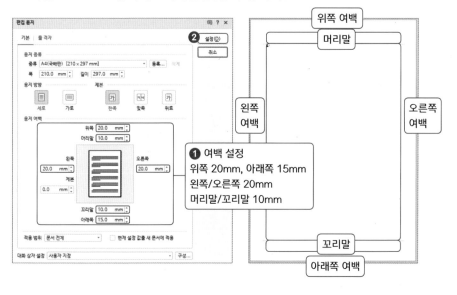

3. 방금 설정한 편집 용지를 등록하기 위해 다시 F7 을 눌러 [편집 용지]를 실행합
니다.

❶ [등록]을 누르면 [다른 이름으로 등록]이 실행됩니다.

❷ [용지 이름]을 보고서로 입력하고 ❸ [등록]을 누릅니다.

❹ [용지 종류] 목록에 보고서가 등록된 것을 확인할 수 있습니다.

❺ [설정]을 누릅니다.

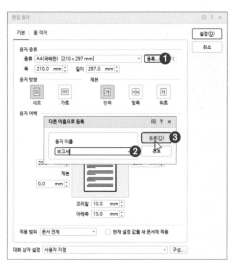

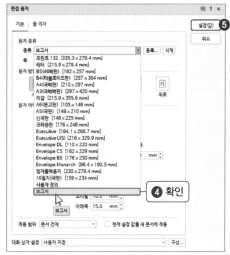

4. 단축기 [Alt] + [N]을 눌러 새 문서를 열면 용지 여백은 기본값으로 표시됩니다. 이번에는 앞서 소개한 방법으로 여백을 설정할 필요 없이 등록해 놓은 용지를 사용하면 됩니다. [F7]을 눌러 [편집 용지]를 실행하고 [종류]에서 보고서를 선택합니다.

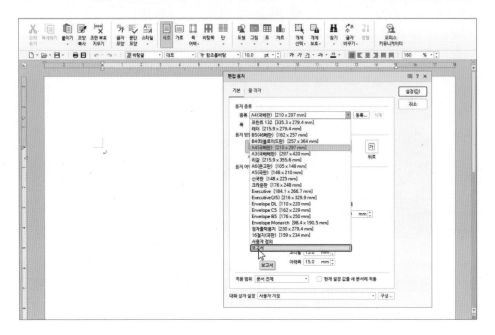

쪽 나누기

한쪽에 문서 내용을 모두 입력하고 나면 저절로 다음 쪽으로 넘어갑니다. 하지만 다음 예시와 같은 표지에서 다음 쪽에 문서를 작성하기 위해 [Enter]를 계속 눌러 쪽을 나누는 것은 좋은 방법이 아닙니다. 이 경우 쪽 나누기를 사용하면 한 번에 쪽을 나눌 수 있습니다. 이번 실습은 02-1_실습.hwp 파일에서 진행합니다.

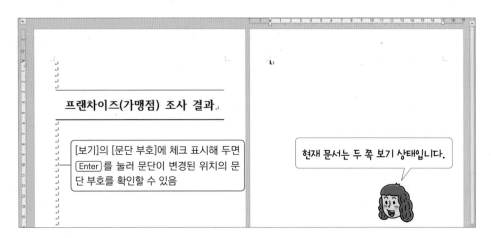

하면 된다! } 쪽 나누기

1. ❶ 커서 위치에서 쪽 나누기 단축키 [Ctrl] + [Enter]를 누릅니다.

❷ 강제로 쪽이 나누어지고 두 번째 쪽에 커서가 표시됩니다. 커서 위치에서 차
례 또는 본문 내용을 입력하면 됩니다. 쪽 나누기를 했을 때 장점은 첫 쪽에 내용
을 추가하더라도 두 번째 쪽에 영향을 주지 않는 것입니다.

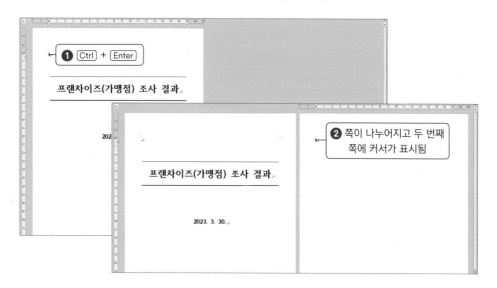

2. 쪽 나누기를 취소하려면 [Backspace]를 누릅니다. 삽입된 페이지가 삭제됩니다.

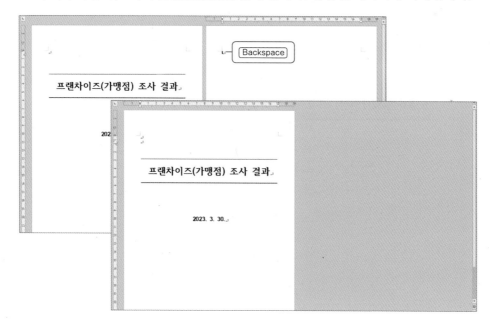

한 문서 내에서 편집 용지의 방향 변경하기

다음 예시와 같이 두 번째 쪽을 가로 방향으로 변경해서 가로로 넓은 차트를 삽입하려고 합니다. 이와 같이 그림 크기에 따라 용지 방향을 가로로 변경해야 하는 경우가 있습니다.

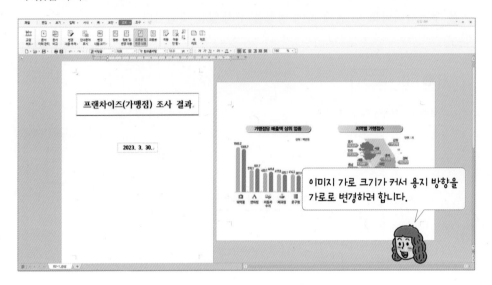

앞에서 배운 내용을 활용해 보겠습니다. 먼저 Ctrl + Enter 를 눌러 쪽을 나누고 두 번째 쪽에서 F7 을 눌러 [편집 용지]를 실행한 후 [용지 방향]을 가로로 변경합니다.

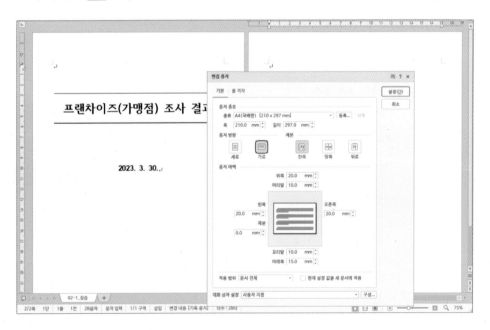

용지 방향이 가로로 변경되었지만 첫 번째 쪽의 용지 방향도 가로로 변경됩니다. 두 번째 쪽만 방향을 변경하려면 어떻게 해야 할까요? 이 경우 쪽 나누기로 나누는 것이 아니고 쪽을 구역으로 나누면 한 문서 내에서도 서로 다른 용지 방향을 설정할 수 있습니다. 또한 용지 여백도 다르게 설정할 수 있습니다.

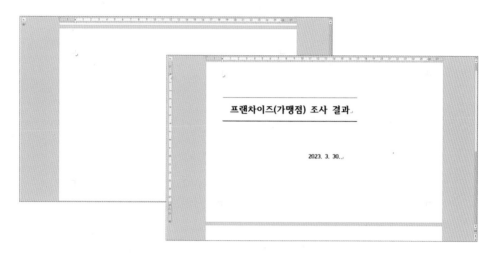

하면 된다! ⑂ 구역을 나누고 용지 방향 변경하기

1. 단축키 F7 을 눌러 [편집 용지]를 실행합니다.

❶ [용지 방향]을 가로로 변경하고 ❷ [적용 범위]를 새 구역으로로 선택한 후 ❸ [설정]을 누릅니다. 두 번째 쪽의 방향만 가로로 변경됩니다.

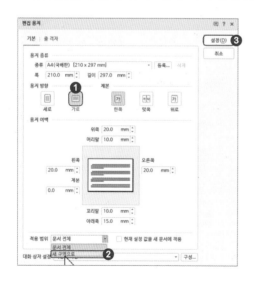

2. ❶ [입력] → [그림]을 선택합니다.

❷ 그림이 있는 폴더를 열고 02-1_그림.png 파일을 선택한 후 **❸** 문서에 포함에 체크 표시하고 **❹** [열기]를 누릅니다.

3. 그림이 보기 좋게 삽입되었습니다. 세 번째 페이지부터 용지 방향을 다시 세로로 변경하기 위해 현재 쪽에서 [F7]을 눌러 [편집 용지]를 실행합니다.

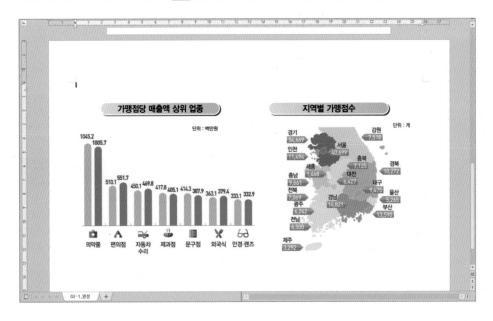

4. ❶ [용지 방향]을 세로로 변경하고 ❷ [적용 범위]를 새 구역으로로 선택한 후 ❸ [설정]을 누릅니다.

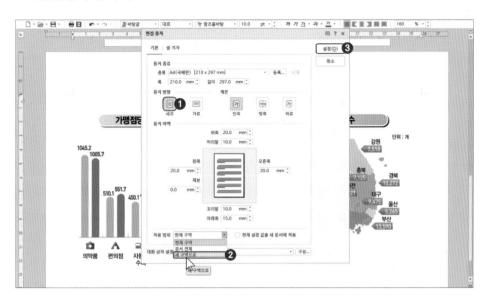

5. 세 번째 쪽부터 용지 방향이 세로로 변경되었습니다. 이후 용지 방향을 변경할 일이 없다면 계속 문서 내용을 입력하면 됩니다.

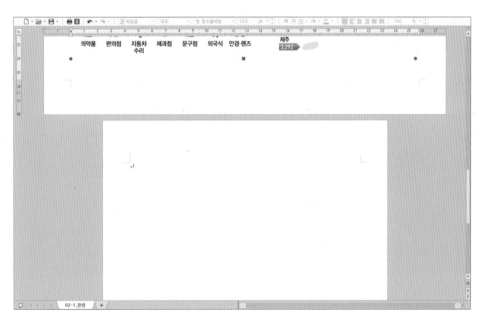

02-2
글상자와 표를 사용해 제목 상자 만들기

• 실습 파일 없음(새 문서)　　• 완성 파일 02-2_완성.hwp

보고서, 공문서 등의 문서를 작성할 때 먼저 문서 맨 위쪽에 제목을 입력합니다. 제목을 입력한 후 글자를 크게 변경해 본문과 구분할 수도 있지만, 제목 상자를 작성해 강조하는 방법도 많이 사용됩니다.

다음 예시에서 첫 번째 제목 상자는 모서리가 둥글고 그림자가 있게 만들고, 두 번째 제목 상자는 아래쪽 테두리가 굵고 좌우 테두리가 보이지 않게 만들려고 합니다. 이 두 제목 상자를 만들려면 첫 번째는 글상자를, 두 번째는 표를 사용해야 합니다. 글상자는 특성상 특정 방향의 테두리를 없애거나 굵기를 다르게 변경할 수 없습니다. 그리고 표는 모서리를 둥글게 설정하거나 그림자를 적용할 수 없습니다. 이 차이를 알고 이 2개의 제목 상자를 만드는 방법을 배워 보겠습니다.

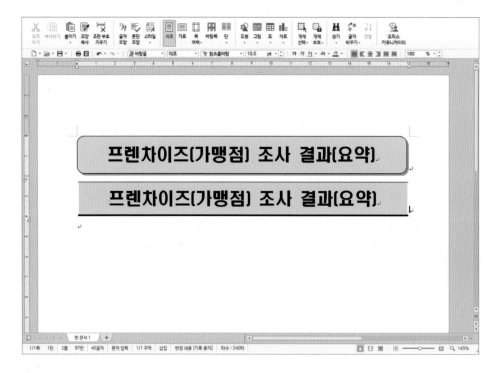

하면 된다! ↳ 글상자를 사용해 제목 상자 만들기

먼저 글상자를 사용해 모서리가 둥글고 그림자가 있는 제목 상자를 만들어 보겠습니다. 이번 실습은 [새 문서]에서 진행합니다.

1. [입력] → [가로 글상자]를 선택하거나 단축키 Ctrl + N, B를 누른 후 클릭하면 글상자가 삽입됩니다.

2. ❶ 글상자를 선택한 후 개체 속성 단축키 P를 누릅니다.

　❷ [너비]에서 쪽에 따라를 선택하고 100%를 입력해 쪽의 너비에 맞게 크기를 설정합니다.

　❸ [위치]에서 글자처럼 취급에 체크 표시한 후 ❹ [설정]을 누릅니다.

3. 이번에는 글상자 모서리를 둥글게 변경해 보겠습니다. 글상자를 선택한 후 개체 속성 단축키 Ⓟ를 누릅니다.

❶ [선] 탭을 선택하고 ❷ [사각형 모서리 곡률]을 둥근 모양으로 선택합니다.

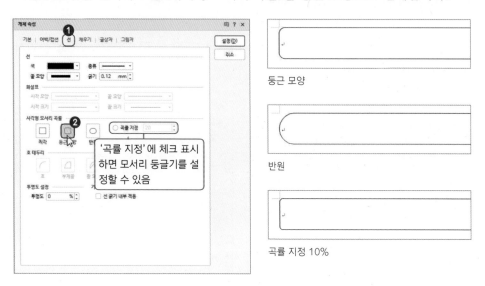

'곡률 지정'에 체크 표시 하면 모서리 둥글기를 설 정할 수 있음

둥근 모양

반원

곡률 지정 10%

4. [채우기] 탭 → [면 색 ▾] → 에메랄드 블루를 선택해 글상자의 배경색을 적용합 니다.

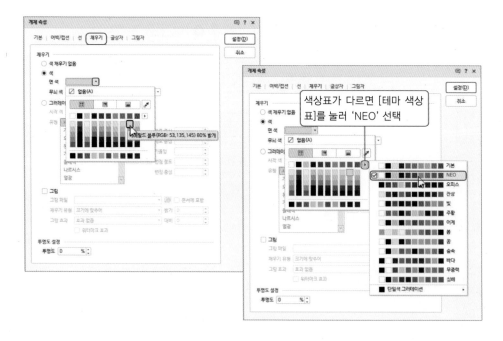

색상표가 다르면 [테마 색상 표]를 눌러 'NEO' 선택

5. ❶ 이번에는 [그림자] 탭에서 그림자 종류를 오른쪽 아래로 선택합니다.

❷ 그림자 방향을 왼쪽(◀)과 위(▲)로 설정합니다.

❸ [설정]을 누릅니다.

6. 크기 조절점에 마우스 커서를 양방향 화살표 모양이 되도록 맞추고 글상자 높이를 적당한 크기로 변경합니다.

7. ❶ 제목을 프렌차이즈(가맹점) 조사 결과 (요약)으로 입력하고 블록으로 지정합니다.

❷ [글꼴]은 HY헤드라인M, ❸ [글자 크기] 24pt, ❹ [가운데 정렬]을 선택합니다.

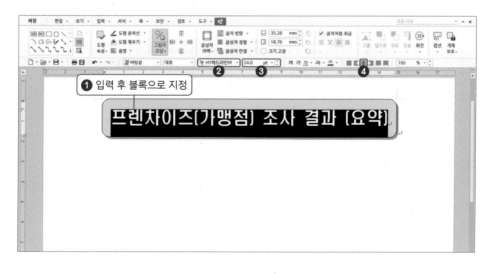

하면 된다! 〉 표를 사용해 제목 상자 만들기

이번에는 표를 사용해 양쪽 테두리가 없는 제목 상자를 만들어 보겠습니다. 앞서 실습을 진행했다면 Enter를 눌러 다음 문단에서 실습을 시작합니다.

1. ❶ [입력] → [표]를 선택한 후 ❷ [줄 개수]와 [칸 개수]에 1을 입력합니다.
　❸ 글자처럼 취급에 체크 표시하고 ❹ [만들기]를 누릅니다.

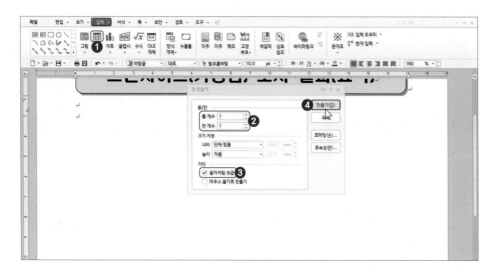

2. 표 아래쪽 테두리에 마우스 커서를 양방향 화살표 모양이 되도록 맞추고 아래쪽으로 드래그합니다. 표 높이가 변경됩니다.

3. 이번에는 테두리를 변경해 보겠습니다.
　❶ 아래쪽 테두리를 굵게 적용하기 위해 표 안에 커서를 둔 상태에서 [표 디자인
　🖽] → [테두리 굵기] → 0.7mm를 선택합니다.
　❷ [테두리 ▾] → 아래쪽 테두리를 선택합니다.

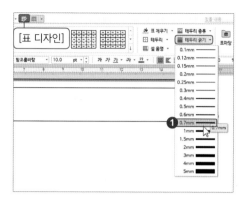
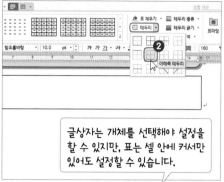

글상자는 개체를 선택해야 설정을 할 수 있지만, 표는 셀 안에 커서만 있어도 설정할 수 있습니다.

4. 표 양쪽 테두리를 없애 보겠습니다.

❶ [테두리 종류] → 없음을 선택한 후 ❷ [테두리 ▾] → 왼쪽 테두리를 선택하고
❸ 다시 [테두리 ▾] → 오른쪽 테두리도 선택합니다.
표 양쪽 테두리가 '선 없음'으로 설정됩니다.

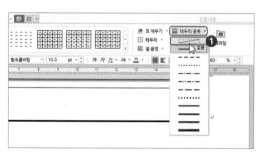

5. ❶ 위 제목 상자의 제목을 복사해 붙이기 합니다.

❷ [표 채우기 ▾] → 에메랄드 블루 색상을 적용합니다.

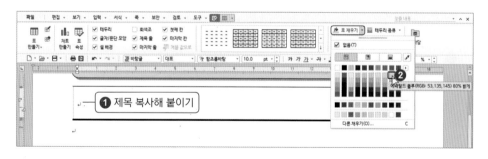

02-3
상용구 등록으로 제목 상자 재사용하기

• 실습 파일 02-3_실습.hwp

보고서를 작성할 때 앞에서 배운 제목 상자를 단축키 한 번으로 빠르게 만들 수 있다면 아주 편리하겠죠? 반복적으로 자주 사용하는 개체 또는 긴 문장은 상용구로 등록해 두었다가 재사용할 수 있습니다.

하면 된다! } 상용구 등록하기

1. ❶ 제목 상자를 선택한 후 [입력] → [입력 도우미] → [상용구] → [상용구 등록]을 선택하거나 단축키 Alt + I 를 눌러 [본문 상용구 등록]을 실행합니다.
❷ [준말]에 제목1을 입력한 후 ❸ [설정]을 누릅니다.

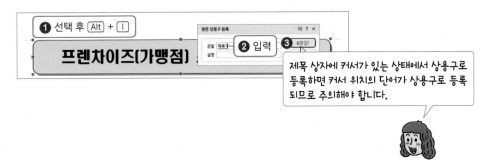

제목 상자에 커서가 있는 상태에서 상용구로 등록하면 커서 위치의 단어가 상용구로 등록되므로 주의해야 합니다.

2. 단축키 Alt + N 을 눌러 새 문서를 연 다음 F7 을 눌러 [편집 용지]를 실행합니다.

❶ [용지 종류]에서 보고서를 선택한 후 ❷ [설정]을 누르면 보고서 용지 여백으로 설정됩니다.

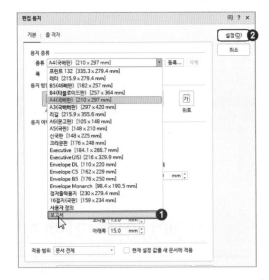

3. 현재 커서 위치에 준말 제목1을 입력한
후 `Alt` + `I`를 누릅니다.

제목1↵ I

입력 후 `Alt` + `I`

4. 제목1이라는 이름의 상용구로 등록해 둔 제목 상자가 삽입됩니다. 문서에 반복
적으로 나오는 개체는 상용구로 등록해 두고 필요할 때마다 이와 같이 사용하면 편
리합니다.

프렌차이즈(가맹점) 조사 결과(요약)

하면 된다! ⟩ 상용구 확인하기와 상용구 지우기

계속 사용하고 있는 상용구 이름은 기억하지만, 시간이 지나면 자주 사용하지 않는
상용구 이름을 잊어버리게 되죠? 등록해 둔 상용구를 확인하는 방법과 지우는 방법
을 알려 드리겠습니다.

1. [입력] → [입력 도우미] → [상용구] → [상용구 내용]을 선택하거나 단축키
`Ctrl` + `F3`을 누릅니다.

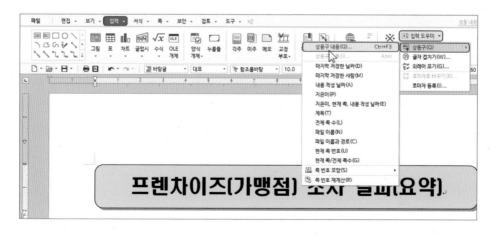

2. [본문 상용구] 탭을 선택하면 앞에서 등록한 '제목1' 상용구가 있습니다. [상용구 편집하기]는 상용구 이름만 수정할 수 있고 내용은 편집할 수 없어 상용구를 삭제하고 다시 등록해야 합니다. 상용구를 선택한 후 [상용구 지우기]를 누르면 상용구는 삭제됩니다.

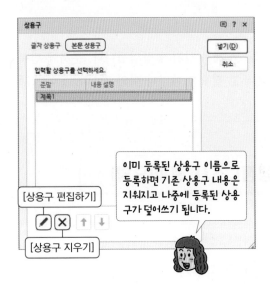

02-4
서식을 일관성 있게 설정하는 스타일

• 실습 파일 02-4_실습.hwp   • 완성 파일 02-4_완성_1~2.hwp

보고서는 보통 글 앞에 글머리표 또는 번호를 붙여가며 중요한 요점이나 단어를 짧게 나열하는 개조식 방식으로 작성합니다. 완전한 문법적 구성을 이루지 않고, 서술형 문장을 쓰지도 않으며, 독립된 항목으로 작성합니다. 형용사, 접속사, 조사 등을 자제하면서 중요 단어 위주로 작성하고, 마무리도 명사형으로 대부분 처리됩니다.

또한 서론·본론·결론과 같은 개요가 한눈에 파악되어야 하므로 항목 구분을 위해 숫자나 기호 등의 글머리표를 사용합니다.

글머리표를 만드는 방법은 01-6절을 참고하세요.

개조식 문서를 작성할 때 본문 수준에 맞게 글머리표, 글자 모양, 문단 모양을 스타일로 추가해 두면 문서 편집 시간이 단축되고 수월해집니다.

다음 표를 참고해서 3개 수준의 스타일을 추가해 빠르게 보고서를 편집하는 방법을 배워 보겠습니다.

스타일	글머리표	글자 모양	문단 모양
수준1	□	바탕, 15pt	문단 위 간격 10pt, 문단 아래 간격 5pt
수준2	○	바탕, 15pt	왼쪽 여백 10pt, 문단 위 간격 5pt
수준3	–	바탕, 15pt	왼쪽 여백 20pt, 문단 아래 간격 5pt

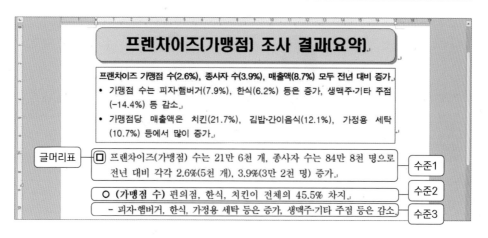

하면 된다! } 스타일 추가하기

수준1 추가하기

1. 단축키 [F6]을 눌러 [스타일]을 실행하면 [스타일 목록]에 '바탕글', '본문' 등 기본 스타일이 있습니다. [스타일 추가하기]를 눌러 직접 스타일을 추가해 보겠습니다.

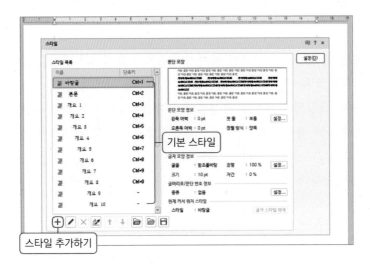

2. ❶ [스타일 이름]에 수준1을 입력합니다.

❷ 먼저 글머리표를 지정하기 위해 [글머리표/문단 번호]를 누릅니다.

❸ [글머리표] 탭 → [글머리표 모양]에서 기본 네모 모양을 선택하거나 단순한 네모가 아닌 테두리가 굵거나 모서리가 둥근 네모 모양의 글머리표를 사용하려면 [사용자 정의]를 눌러 문자표에서 선택하면 됩니다.

문단 모양, 글자 모양, 글머리표/문단 번호를 설정할 때 순서는 따로 없습니다.

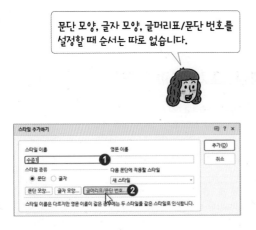

3. ❶ [글머리표 모양]에서 모양 하나를 선택
한 후 ❷ [사용자 정의]를 누릅니다.

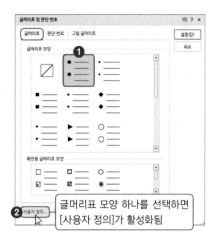

글머리표 모양 하나를 선택하면
[사용자 정의]가 활성화됨

4. ❶ [글머리표 사용자 정의 모양]에서 [문자표]를 누릅니다.
❷ [사용자 문자표] 탭 → [특수기호 및 딩뱃기호] 영역에서 ❸ □를 선택한 후 ❹
[넣기]를 누릅니다.

5. 나머지 옵션은 기본값 그대로 둔 채 순서대로 [설정]을 누릅니다.

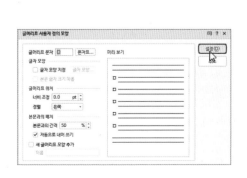

6. ❶ 이번에는 [글자 모양]을 누릅니다.

❷ [기본] 탭에서 [글꼴]은 바탕, ❸ [기준 크기]는 15pt로 지정합니다.

❹ [설정]을 누릅니다.

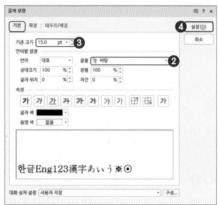

7. ❶ 마지막으로 [문단 모양]을 누릅니다.

❷ [간격]을 [문단 위] 10pt, [문단 아래] 5pt로 입력하고 ❸ [설정]을 누릅니다.

8. '수준1' 스타일의 글머리표, 글자 모양, 문단 모양 설정이 모두 끝나면 [추가]를 누릅니다.

9. [스타일 목록]에 '수준1' 스타일이 추가됩니다. 이번에는 '수준2' 스타일을 추가하기 위해 [스타일 추가하기]를 누릅니다.

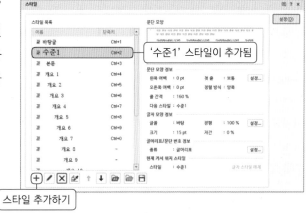

수준2 추가하기

1. ❶ [스타일 이름]을 수준2로 입력한 후 **❷** [글머리표/문단 번호]를 누릅니다.
❸ [글머리표 모양]에서 모양 하나를 선택한 후 **❹** [사용자 정의]를 누릅니다.

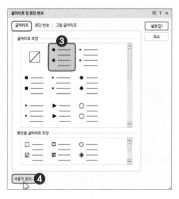

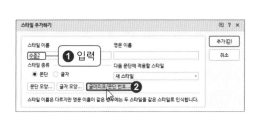

2. ❶ [글머리표 사용자 정의 모양]에서 [문자표]를 누릅니다.
❷ [사용자 문자표] 탭 → [특수기호 및 딩뱃기호] 영역에서 **❸** ○를 선택합니다.
❹ [넣기]를 누릅니다.

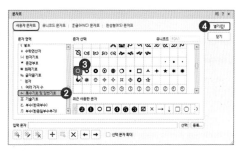

3. 나머지 옵션은 기본값 그대로 둔 채 [설정]을 차례로 누릅니다.

4. ❶ [글자 모양]을 눌러 ❷ [글꼴]은 바탕, ❸ [기준 크기]는 15pt로 설정하고 ❹ [설정]을 누릅니다.

5. ❶ [문단 모양]을 눌러 ❷ [왼쪽] 여백은 10pt, ❸ [문단 위] 간격은 5pt로 입력한 후 ❹ [설정]을 누릅니다.

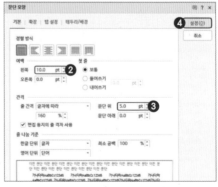

6. '수준2' 스타일의 글머리표, 글자
모양, 문단 모양 설정이 모두 끝나면
[추가]를 누릅니다.

7. [스타일 목록]에 '수준2'
스타일이 추가됩니다. '수준
3' 스타일을 추가하기 위해
다시 [스타일 추가하기]를 누
릅니다.

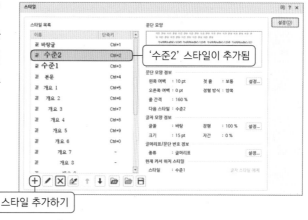

'수준2' 스타일이 추가됨

스타일 추가하기

수준3 추가하기

1. ❶ [스타일 이름]을 수준3으로 입력합니다.

❷ [글머리표/문단 번호]를 누릅니다.

❸ [글머리표 모양]에서 모양 하나를 선택한 후 ❸ [사용자 정의]를 누릅니다.

2. ❶ [글머리표 문자] 입력 창에 ‑을 입력한 후 ❷, ❸ [설정]을 차례로 누릅니다. '‑(하이픈)'은 키보드로 입력할 수 있는 문자이므로 직접 입력하면 됩니다.

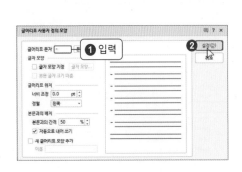

3. ❶ [글자 모양]을 눌러 ❷ [글꼴]은 바탕, ❸ [기준 크기]는 15pt로 지정하고 ❹ [설정]을 누릅니다.

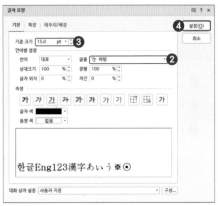

4. ❶ [문단 모양]을 눌러 ❷ [왼쪽] 여백은 20pt, ❸ [문단 아래] 간격은 5pt로 입력한 후 ❹ [설정]을 누릅니다.

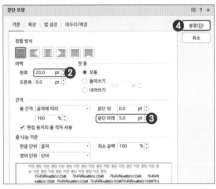

5. '수준3' 스타일의 글머리표, 글자 모양, 문단 모양 설정이 모두 끝나면 [추가]를 누릅니다. [스타일 목록]에 '수준3' 스타일이 추가됩니다.

함께 보면 좋은
동영상 강의

반복하는 과정이긴 하지만 혹시 헷갈리거나 이 과정이 어렵게 느껴지는 분은 QR코드를 통해 동영상 강의를 참고하세요!

하면 된다! ⟩ 스타일 단축키 변경하기

스타일 설정이 완료되면 스타일을 적용해가며 본문을 작성합니다. 이때 스타일은 단축키를 사용해 적용하면 편리합니다. 단축키는 Ctrl + 1에서 Ctrl + 0까지 10개를 지정해 사용할 수 있는데, '바탕글' 스타일을 제외한 나머지 스타일의 단축키를 변경할 수 있습니다. 그럼 앞에서 추가한 '수준1', '수준2', '수준3' 스타일의 단축키를 변경해 보겠습니다.

1. 단축키의 위치는 고정되어 있어 스타일의 위치를 변경해야 합니다.

❶ [스타일 목록]에서 수준1 스타일을 선택합니다.

❷ [한 줄 위로 이동하기 ⬆]를 두 번 눌러 Ctrl + 2 위치로 이동합니다.

[스타일]의 단축키는
F6 입니다!

2. ❶ 수준2 스타일을 선택한 후 ❷ [한 줄 위로 이동하기 ⬆]를 누릅니다.

'수준1', '수준2', '수준3' 순서로 정렬되고 단축키는 Ctrl + 2, Ctrl + 3, Ctrl + 4가 됩니다.

하면 된다! } 스타일 적용하기

수준별로 문서 내용을 작성하면서 스타일을 적용해 보겠습니다.

1. ❶ [스타일 목록]에서 수준1을 선택한 후 ❷ [설정]을 누르면 글머리표 □가 자동으로 입력됩니다.

❸ 프랜차이즈(가맹점) 수는~을 입력하면 글자 모양, 문단 모양이 자동으로 적용됩니다. 예시를 참고해서 내용을 모두 입력한 후 Enter 를 누릅니다.

❹ Ctrl + 3을 눌러 '수준2' 스타일을 적용합니다.

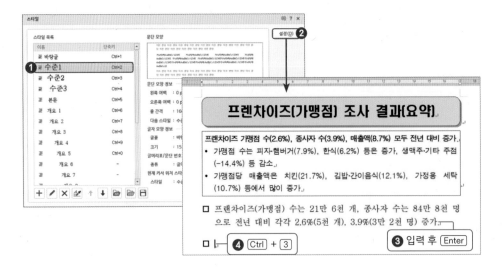

2. 글머리표 모양이 ○로 변경되고 '수준2' 스타일에 맞는 글자 모양, 문단 모양이 적용됩니다.

❶ (가맹점 수) 편의점~을 입력한 후 Enter 를 누릅니다.

❷ Ctrl + 4 를 눌러 '수준3' 스타일을 적용합니다.

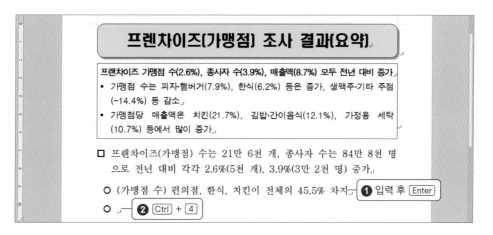

3. 글머리표 모양이 -로 변경되고 '수준3' 스타일에 맞는 글자 모양, 문단 모양이 적용됩니다.

❶ 피자·햄버거, 한식~을 입력한 후 Enter 를 누릅니다.

❷ 다시 '수준2' 스타일을 적용하기 위해 Ctrl + 3 을 누릅니다.

Alt + 1 8 3 (숫자 키패드)을 누르면 가운뎃점을 빠르게 넣을 수 있어요!

4. ❶ 글머리표 모양이 ◯로 변경되면 내용을 입력한 후 Enter 를 누릅니다.

   ❷ Ctrl + 4 를 눌러 예시와 같이 내용을 계속 작성해 나갑니다.

   ❸ 다시 '수준1' 스타일을 적용하려면 Ctrl + 2 를 누르면 됩니다.

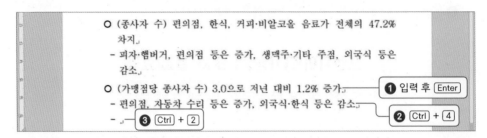

5. 다음 예시와 같이 강조할 부분을 진하게 처리하고 자간 등을 조절해 문서를 완성합니다.

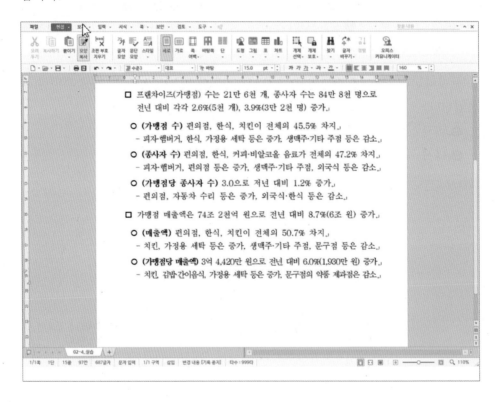

질문 있어요! 표 앞에 붙은 글머리표는 어떻게 지우나요?

스타일이 적용된 상태에서 표를 삽입하면 다음 예시와 같이 표 앞에 글머리표가 붙습니다. 표 앞의 글머리표를 지우려면 글머리표와 표 사이에 커서를 두고 ⌐Backspace⌐를 누르면 됩니다.

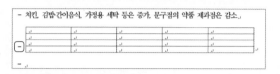

글머리표 없이 표를 삽입하려면 내용을 입력하지 않고 ⌐Enter⌐를 누르면 됩니다. 또 다른 방법으로 ⌐Ctrl⌐ + ⌐1⌐을 누르면 바탕글 스타일로 변경되면서 글머리표가 지워집니다.

하면 된다! } 스타일 수정하기

스타일이 적용된 문서를 수정하는 방법은 아주 간단합니다. 예를 들어 첫 번째 수준의 글머리표와 글자 모양을 변경하려면 '수준1' 스타일을 수정하면 됩니다. 그러면 문서에서 '수준1' 스타일이 적용된 문단은 모두 한 번에 수정됩니다.

1. ❶ 단축키 ⌐F6⌐을 눌러 [스타일]이 실행되면 수준1을 선택합니다.

　❷ [스타일 편집하기]를 누른 후 ❸ [글머리표/문단 번호]를 누릅니다.

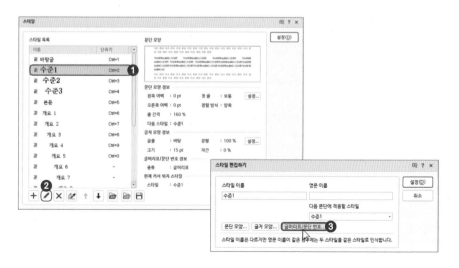

2. ❶ [글머리표 모양]에서 모양 하나를 선택한 후 [사용자 정의]를 누릅니다.

❷ [글머리표 사용자 정의 모양]에서 [문자표]를 누릅니다.

❸ [사용자 문자표] 탭 → [특수기호 및 딩뱃기호] 영역에서 ❹ □를 선택한 후 ❺ [넣기]를 누릅니다.

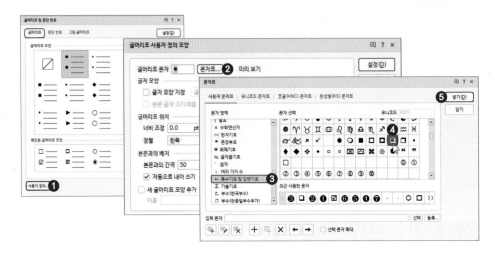

3. ❶ 이번에는 [글자 모양]을 눌러 ❷ [진하게]를 선택한 후 ❸ [설정]을 누릅니다. [설정]을 누르는 순간 문서에서 '수준1' 스타일이 적용된 문단은 모두 수정됩니다. 이와 같이 스타일을 사용하면 빠른 시간에 문서를 편집할 수 있습니다.

스타일 편집이 완료되면 [닫기]를 누름

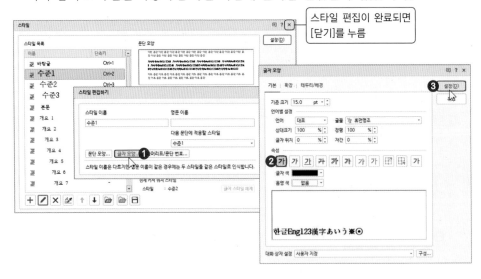

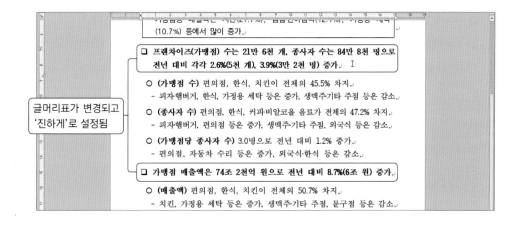

글머리표가 변경되고
'진하게'로 설정됨

하면 된다! ╮ 스타일 내보내기

추가한 스타일은 현재 문서에서만 사용할 수 있습니다. 스타일을 새 문서에서 재사
용하려면 스타일 내보내기를 하면 됩니다. 파일 형태로 스타일을 내보내기 하면 어
떤 컴퓨터에서든 사용할 수 있습니다.

1. 단축키 F6 을 눌러 [스타일]을 실행한 후 [스타일 내보내기]를 누릅니다.

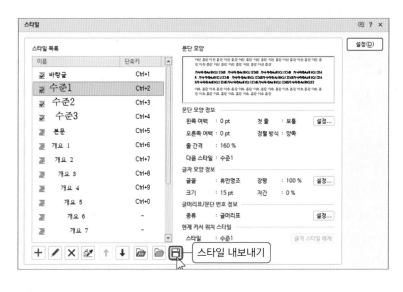

스타일 내보내기

2. ❶ [새 스타일 파일 추가 ⊞]를 누른 후 **❷** [스타일 내보내기]를 누릅니다. **❸** 스타일 파일을 저장할 위치를 선택하고 **❹** [파일 이름]을 보고서_스타일로 입력한 후 **❺** [저장]을 누릅니다.

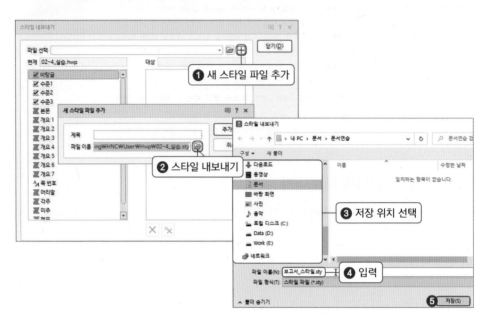

3. [파일 이름] 입력 창에 경로가 표시됩니다. [추가]를 누릅니다.

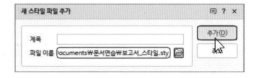

4. [스타일 내보내기]에서 왼쪽은 현재 영역, 오른쪽은 대상 영역입니다.

❶ 현재 영역에 있는 '수준1'을 선택한 후 [Shift]를 눌러 '수준3'을 선택하면 '수준1'에서 '수준3'까지의 스타일이 선택됩니다. **❷** [복사 〉]를 눌러 메시지 창이 뜨면 **❸** [복사]를 누릅니다.

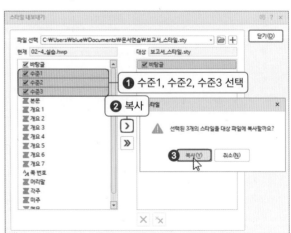

5. ❶ [닫기]를 누르면 저장
여부를 묻는 메시지 창이
뜹니다.
❷ [저장]을 눌러 스타일
내보내기를 마무리합니
다.

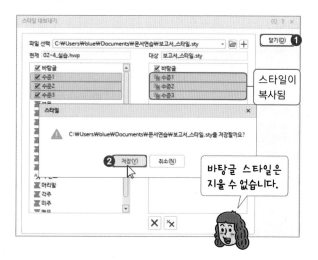

6. [닫기]를 눌러 [스타일]
창을 닫습니다.

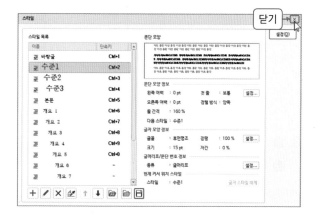

하면 된다! } 스타일 불러오기

1. 저장해 놓은 스타일을 새
문서에 불러와 사용해 보겠
습니다. 새 문서에서 F6 을
눌러 [스타일]을 실행한 후 [스
타일 가져오기]를 누릅니다.

2. ❶ [스타일 가져오기]에서 [파일 선택]을 누릅니다.

❷ 탐색 창에서 보고서_스타일 파일이 저장된 위치를 찾아 파일을 선택한 후 ❸ [열기]를 누릅니다.

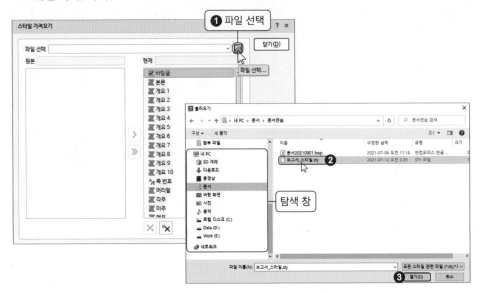

3. ❶ [스타일 가져오기]의 왼쪽 원본 영역에서 수준1, 수준2, 수준3을 선택합니다.

❷ [복사 >]를 눌러 메시지 창이 뜨면 ❸ [복사]를 누릅니다.

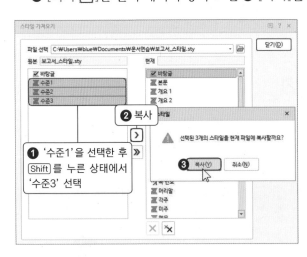

4. ❶ 현재 영역에 '수준1', '수준2', '수준3' 스타일이 복사되면 [닫기]를 누릅니다.

❷ [스타일 목록]에서 추가된 스타일 중 수준1을 선택한 후 ❸ [설정]을 누릅니다.

5. 현재 문서에 '수준1' 스타일이 적용되어 글머리표가 표시됩니다. 다음 예시와 같이 내용을 입력하면 글자 모양, 문단 모양이 스타일이 적용된 상태로 작성됩니다. 나머지 내용도 스타일을 적용해 문서를 작성합니다.

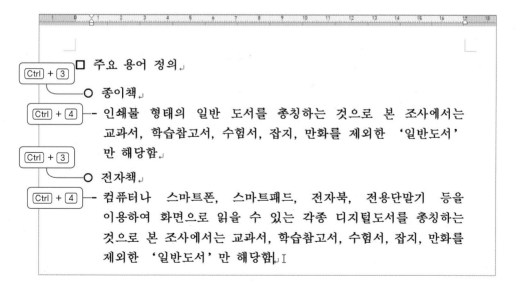

02-5
개요 모양 설정하기

• 실습 파일 없음(새 문서)   • 완성 파일 02-5_완성_1~4.hwp

번호를 매기며 문서의 내용을 요약하는 개요 문서는 개요 번호를 10 수준까지 매길 수 있고, 개요 번호를 사용한 문장의 순서가 바뀌면 개요 번호도 그에 맞게 자동으로 바뀝니다. 이번 실습은 [새 문서]에서 진행합니다.

하면 된다! } 개요 모양과 단축키를 사용한 수준 감소/증가 설정하기

1. ❶ [서식] → [개요]를 선택한 후 ❷ 제1장으로 시작하는 개요 모양을 선택합니다.

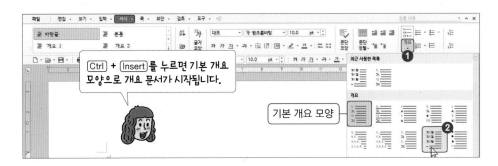

2. ❶ 제1장 옆에 행정 업무 운영 개요를 입력하고 Enter 를 누르면 제2장으로 개요 번호가 자동 입력됩니다.

❷ Ctrl + + 를 누르면 한 수준 감소되어 제1절로 개요 번호가 변경됩니다.

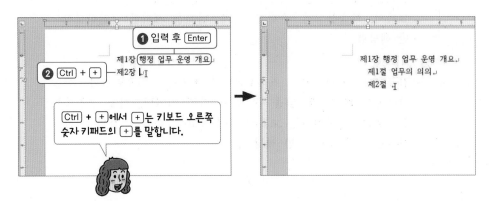

3. ❶ '제4절'까지 내용을 작성한 후 Enter 를 누르면 '제5절'이 입력됩니다.

❷ Ctrl + — 를 누르면 한 수준이 증가된 '제2장'이 입력됩니다.

❸ 제2장의 내용을 입력한 후 Enter 를 누릅니다.

완성 내용은 02-5_완성_1.hwp 파일을 확인하세요.

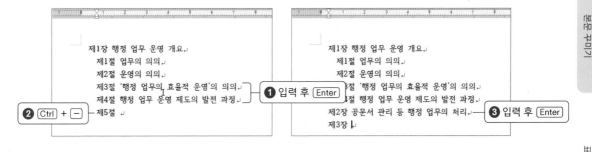

질문 있어요!   숫자 키패드가 없는 경우 수준 증가/감소는 어떻게 사용하나요?

숫자 키패드가 없는 노트북을 사용한다면 수준 증가/감소 단축키 Ctrl + + , Ctrl + — 를 사용할 수 없는데, 이 경우에는 [서식] → [한 수준 증가], [한 수준 감소]를 사용하거나 스타일 단축키를 사용하면 됩니다. 스타일에는 기본으로 저장된 스타일이 있는데 그중 '개요 1'에서 '개요 10'까지가 개요 전용 스타일입니다. 개요를 시작하면 수준별로 개요 스타일에 맞는 글자 모양, 문단 모양이 적용됩니다.

'개요 1' 단축키가 Ctrl + ③ 이며, 두 번째 수준 '제1절'을 입력하려면 Ctrl + ④ 를 누르면 됩니다.

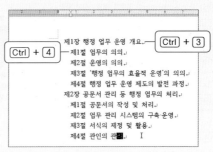

개요와 스타일

새 문서를 열고 [F7]을 눌러 [편집 용지]를 실행한 후 [용지 종류]에서 보고서를 선택합니다. 만약 02-1절의 실습을 진행하지 않아 보고서 항목이 없다면 A4(국배판)로 이후 실습을 진행해도 됩니다.

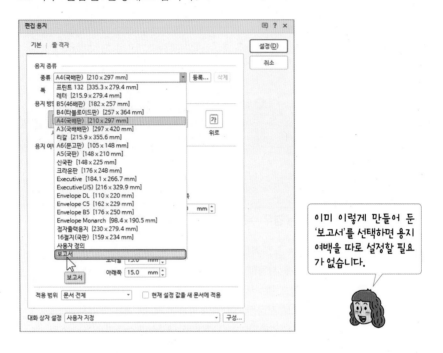

이미 이렇게 만들어 둔 '보고서'를 선택하면 용지 여백을 따로 설정할 필요가 없습니다.

[Ctrl] + [Insert]를 눌러 기본 개요 모양으로 문서를 시작합니다. 그리고 스타일 단축키를 사용해 다음 예시와 같이 입력합니다. 개요 번호 순서에 맞게 문서는 작성되었지만 가독성이 떨어집니다.

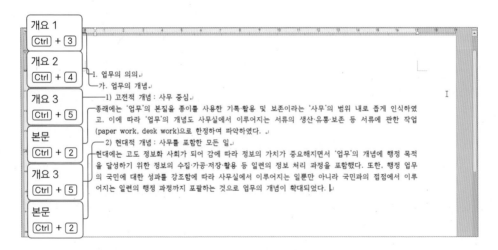

1수준의 경우 글자 크기를 크고 진하게 편집하고 개요 번호가 없는 내용은 왼쪽 여백과 첫 줄 들여쓰기 등을 적용해 보기 편한 문서로 다음 표와 예시를 참고해 편집해 보겠습니다.

스타일	글자 모양	문단 모양
개요 1	함초롬바탕, 16pt, 진하게	왼쪽 여백 0pt, 문단 위 간격 10pt
개요 2	함초롬바탕, 14pt, 진하게	왼쪽 여백 10pt, 문단 위 간격 10pt
개요 3	함초롬바탕, 12pt	왼쪽 여백 20pt, 문단 위 간격 10pt
본문	함초롬바탕, 12pt	왼쪽 여백 30pt, 첫 줄 들여쓰기 10pt, 문단 아래 간격 10pt, 줄 나눔 기준(한글: 어절, 영어: 글자)

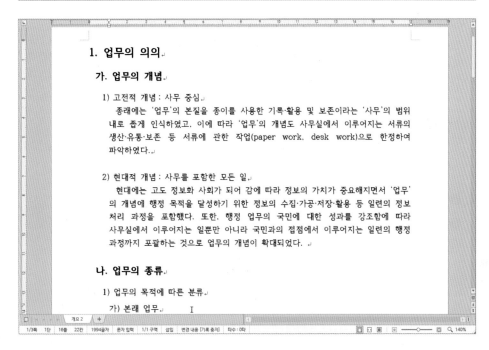

하면 된다! ㅏ 개요 스타일 편집하기

개요 문서의 수준별 글자 모양과 문단 모양은 스타일을 사용해 설정하면 됩니다.

'개요 1' 스타일 편집하기

1. ❶ F6 을 눌러 [스타일]을 실행하여 [스타일 목록]에서 개요 1을 선택합니다.
❷ [스타일 편집하기]를 누릅니다.

'개요 1'에서 '개요 10'까지의 스타일은 개요 전용 스타일입니다. 해당 스타일의 글자 모양과 문단 모양을 수정하면 스타일이 적용된 문단에 바로 적용됩니다.

2. ❶ [스타일 편집하기]에서 [글자 모양]을 누릅니다.
❷ [글꼴]은 함초롬바탕, ❸ [기준 크기]는 16pt, ❹ [진하게]를 선택한 후 ❺ [설정]
을 누릅니다.

3. ❶ 다시 [스타일 편집하기]에서 [문단 모양]을 누릅니다.

❷ [왼쪽] 여백 0pt, ❸ [문단 위] 간격을 10pt로 입력한 후 ❹ [설정]을 누릅니다.

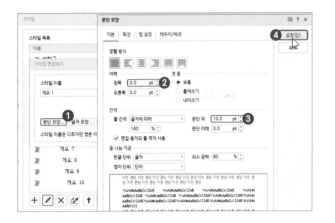

4. 글자 모양과 문단 모양 설정이 완료되면 [설정]을 누릅니다.

개요 모양이 설정된 문서에는 [글머리표/문단 번호]를 설정할 필요가 없습니다.

'개요 2' 스타일 편집하기

1. ❶ [스타일 목록]에서 개요 2를 선택한 후 ❷ [스타일 편집하기]를 누릅니다.

❸ [스타일 편집하기]에서 [글자 모양]을 누릅니다.

❹ [글꼴]은 함초롬바탕, ❺ [기준 크기]는 14pt, ❻ [진하게]를 선택한 후 ❼ [설정]을 누릅니다.

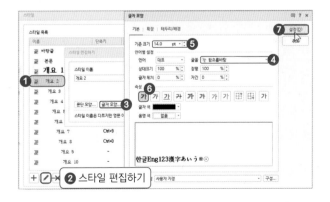

2. ❶ 다시 [스타일 편집하기]에서 [문단 모양]을 누릅니다.

❷ [왼쪽] 여백은 10pt, ❸ [문단 위] 간격은 10pt로 입력한 후 ❹ [설정]을 누릅
니다.

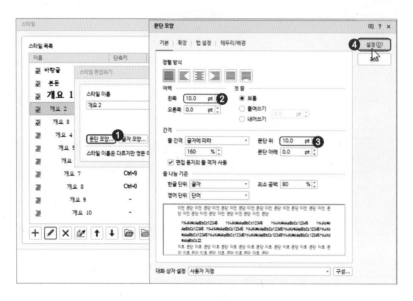

'개요 3' 스타일 편집하기

1. ❶ [스타일 목록]에서 개요 3을 선택한 후 ❷ [스타일 편집하기]를 누릅니다.

❸ [스타일 편집하기]에서 [글자 모양]을 누릅니다.

❹ [글꼴]은 함초롬바탕, ❺ [기준 크기]는 12pt로 입력한 후 ❻ [설정]을 누릅니다.

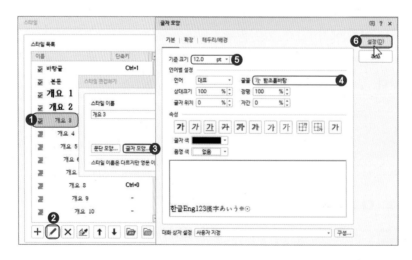

2. ❶ 다시 [스타일 편집하기]에서 [문단 모양]을 선택합니다.

❷ [왼쪽] 여백은 20pt, ❸ [문단 위] 간격은 10pt로 입력한 후 ❹ [설정]을 누릅니다.

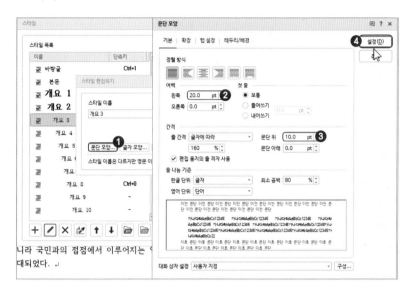

'본문' 스타일 편집하기

1. ❶ [스타일 목록]에서 본문을 선택한 후 ❷ [스타일 편집하기]를 누릅니다.

❸ [스타일 편집하기]에서 [글자 모양]을 누릅니다.

❹ [글꼴]은 함초롬바탕, ❺ [기준 크기]는 12pt로 입력한 후 ❻ [설정]을 누릅니다.

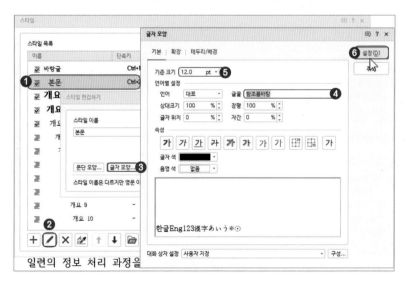

2. ❶ 다시 [스타일 편집하기]에서 [문단 모양]을 누릅니다.

❷ [왼쪽] 여백은 30pt, ❸ 첫 줄 [들여쓰기]는 10pt, ❹ [문단 아래] 간격은 10pt, ❺ [줄 나눔 기준]의 [한글 단위]는 어절, [영어 단위는] 글자로 선택한 후 ❻ [설정]을 누릅니다.

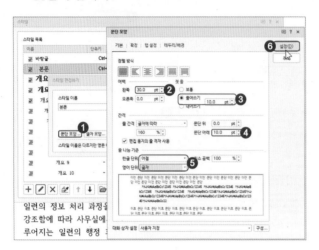

3. [스타일]을 닫습니다. 스타일이 이미 적용된 문단은 수정한 스타일의 글자 모양과 문단 모양으로 수정되어 있습니다. 완성 내용은 02-5_완성_2.hwp 파일을 확인하세요.

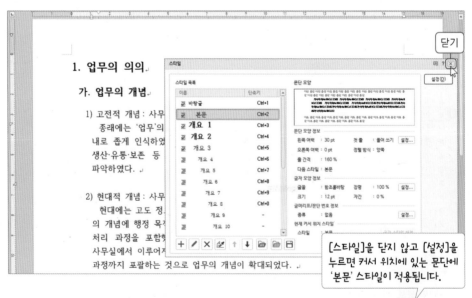

[스타일]을 닫지 않고 [설정]을 누르면 커서 위치에 있는 문단에 '본문' 스타일이 적용됩니다.

하면 된다! ⟩ 개요 번호 모양 사용자 정의 하기

개요 번호 모양에서 기본적으로 제공되는 모양 외에 사용자가 원하는 임의의 번호 순서로 설정할 수 있습니다. 다음 예시의 개요 번호를 1수준부터 Ⅰ., 1., (1), ① 순으로 설정해 보겠습니다. 이번 실습은 [새 문서]에서 진행합니다.

1. ❶ [서식] → [개요 번호 모양]을 누르거나 단축키 Ctrl + K, O를 눌러 [개요 번호 모양]을 실행합니다.

❷ [사용자 정의]를 눌러 ❸ [개요 번호 사용자 정의 모양]에서 1수준을 선택한 후 ❹ [번호 모양]을 Ⅰ, Ⅱ, Ⅲ으로 선택합니다. 나머지 옵션은 그대로 둡니다.

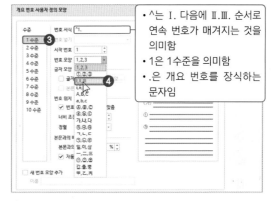

- ^는 Ⅰ. 다음에 Ⅱ.Ⅲ. 순서로 연속 번호가 매겨지는 것을 의미함
- 1은 1수준을 의미함
- .은 개요 번호를 장식하는 문자임

2. ❶ 2수준을 선택한 후 ❷ [번호 모양]을 1,2,3으로 선택합니다. 나머지 옵션은 그대로 둡니다.

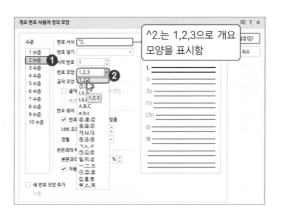

^2.는 1,2,3으로 개요 모양을 표시함

3. ❶ 3수준을 선택한 후 **❷** [번호 모양]을 1,2,3으로 선택합니다. **❸** [번호 서식]에서 ^3) 앞에 여는 괄호 (를 추가해 (^3)으로 변경합니다. 나머지 옵션은 그대로 둡니다.

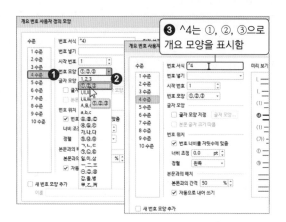

❸ (^3)은 (1), (2), (3)으로 개요 모양을 표시함

4. ❶ 4수준을 선택한 후 **❷** [번호 모양]을 ①,②,③으로 선택합니다. **❸** [번호 서식]에서 ^4)의 닫는 괄호)를 지워 ^4로 변경합니다. 나머지 옵션은 그대로 둡니다.

❸ ^4는 ①, ②, ③으로 개요 모양을 표시함

5. ❶ [새 번호 모양 추가]에 체크 표시하고 **❷** [이름] 입력 창에 보고서를 입력한 후 **❸** [설정]을 누릅니다.

❹ [개호 번호 모양]에서 '보고서' 개요 모양이 추가된 것을 확인하고 **❺** [설정]을 누릅니다.

❶
❷ 입력

❹ 확인

6. 오른쪽 예시를 참고하여 단축키를 사용해 수준을 조절해 가며 입력합니다. 완성 내용은 02-5_완성_3.hwp 파일을 확인하세요.

개요 문서에 글자 모양과 문단 모양을 적용하려면 개요 스타일을 수정하면 됩니다.

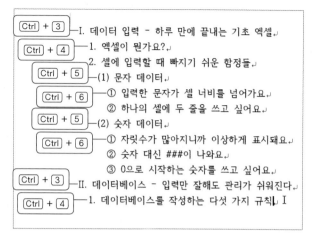

하면 된다! } 개요 번호와 글머리표를 사용해 문서 작성하기

다음 예시와 같이 개요 번호와 글머리표를 함께 사용해 문서를 편집할 수 있습니다. 첫 번째 수준 'Ⅰ.'과 두 번째 수준 '1.'은 개요 번호를 사용하고, 세 번째 수준 'O' 와 네 번째 수준 '−'는 글머리표를 사용하고 있습니다. 이런 경우에는 1수준과 2수준은 개요 번호 모양을 지정하고, 3수준과 4수준은 '개요 3', '개요 4' 스타일을 편집해 글머리표를 지정하면 됩니다. 이번 실습은 [새 문서]에서 진행합니다.

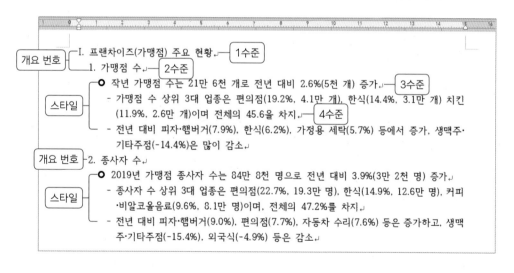

1. 단축키 Ctrl + K, O를 눌러 [개요 번호 모양]을 실행합니다.

    ❶ [사용자 정의]를 눌러 [개요 번호 사용자 정의 모양]을 실행합니다.

    ❷ 1수준이 선택된 상태에서 ❸ [번호 모양]을 I,II,III으로 선택합니다.

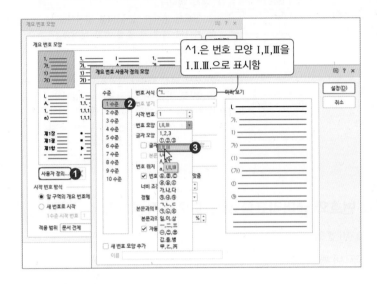

2. ❶ 2수준을 선택한 후 ❷ [번호 모양]을 1,2,3으로 선택하고 ❸ [설정]을 누릅니다.

    ❹ [개요 번호 모양]에서 [설정]을 누르면 개요 번호가 시작됩니다.

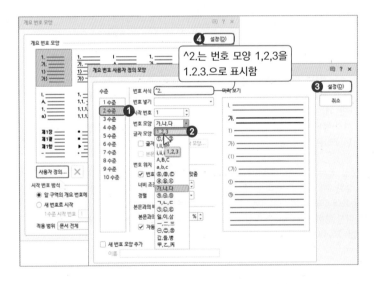

3. 개요 번호 모양이 설정되었다면 [스타일]에서 3, 4 수준에 해당하는 글머리표를 지정해 보겠습니다. 먼저 단축키 F6 을 눌러 [스타일]을 실행합니다.

❶ [스타일 목록]에서 개요 3 스타일을 선택한 후 ❷ [스타일 편집하기]를 누르고 ❸ [글머리표/문단 번호]를 누릅니다.

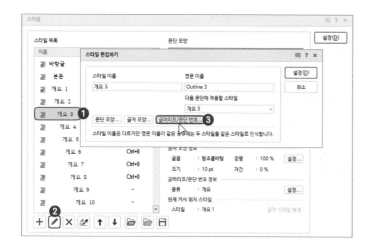

4. ❶ [글머리표 및 문단 번호]에서 [글머리표] 탭을 선택합니다.

❷ [글머리표 모양]에서 모양 하나를 선택하고 ❸ [사용자 정의]를 누릅니다.

❹ [글머리표 사용자 정의 모양]에서 [문자표]를 누릅니다.

❺ [사용자 문자표] 탭 → [특수기호 및 딩벳기호] 영역에서 ❻ ◉ 를 선택한 후 ❼ [넣기]를 누릅니다.

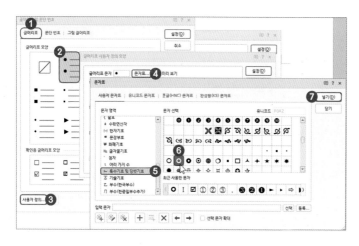

5. ❶ [스타일 목록]에서 개요 4를 선택한 후 ❷ [스타일 편집하기]를 누르고 ❸ [글머리표/문단 번호]를 누릅니다.

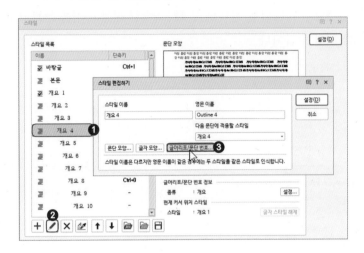

6. ❶ [글머리표] 탭을 선택한 후 ❷ [글머리표 모양]에서 모양 하나를 선택하고 ❸ [사용자 정의]를 누릅니다.

　　❹ [글머리표 문자] 입력 창에 -을 입력한 후 ❺ [설정]을 누릅니다.

　　❻ [스타일]을 닫습니다.

> 수준별 글자 모양, 문단 모양을 변경하려면 개요1~개요4 스타일을 편집하면 됩니다. 예시에서는 글머리표 모양만 변경했습니다.

7. 다음 예시와 같이 스타일 단축키를 적용해 문서를 작성합니다. 완성 내용은 02-5_완성_4.hwp 파일을 확인하세요.

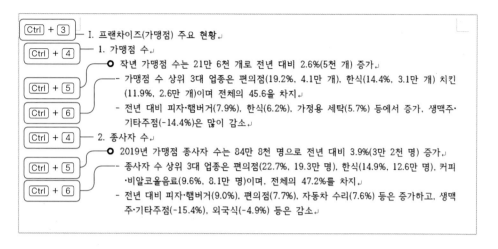

> **질문 있어요!** 문서 구조를 한눈에 볼 수 있는 방법을 알고 싶어요!

[개요 보기] 기능을 활용하면 됩니다. 개요 번호를 매겨 작성한 문서에서 [보기] → [작업 창] → [개요 보기]를 선택하면 화면 오른쪽에 [개요 보기] 작업 창이 실행됩니다.

02-5_완성_2.hwp 파일을 기준으로 현재 문서는 3 수준으로 구성된 개요 문서입니다. [개요 보기]를 실행하면 오른쪽에 개요가 트리 형태로 표시되어 한눈에 문서 구조를 확인할 수 있습니다. [개요 보기] 작업 창에서 2. 운영의 의의를 선택하면 해당 위치로 빠르게 이동합니다.

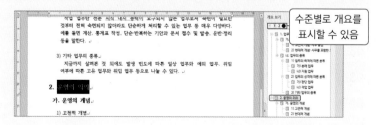

수준별로 개요를 표시할 수 있음

03

문서를 돋보이게 만드는
표 활용법

최 주임님!
이 표를 보고서에
넣어야 하는데...!

'최 주임님! 이 표를 보고서에 넣어야 하는데...!' 짤막한 강좌에서 보고서에 들어가는 표를 만들어 본 최 주임! 표를 만드는 방법과 나누는 방법, 캡션을 삽입하고 계산 방법까지 다 할 수 있다!

03-1
표 만들기와 표 편집을 위한 단축키

• 실습 파일 03-1_실습.hwp　　• 완성 파일 03-1_완성.hwp

문서를 만들면서 복잡한 내용이나 수치 자료를 일목요연하게 정리하고자 할 때에는 표로 작성하면 됩니다. 표 안에 다른 표를 만들어 넣을 수 있고 한쪽을 넘어가는 표도 자동으로 나누어 주기 때문에 편리하게 작성할 수 있습니다.

다음 예시와 같은 표를 작성하면서 표 기본 작성법을 익혀 보겠습니다.

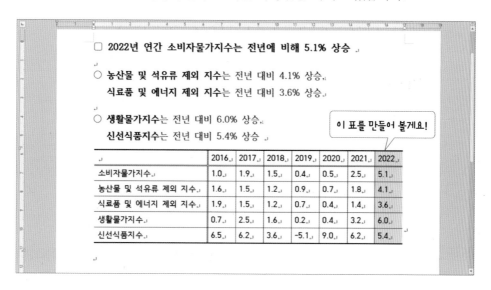

하면 된다! 〉 표 작성하고 내용 입력하기

1. ❶ [입력] → [표 ▦]를 선택하거나 단축키 Ctrl + N, T를 눌러 [표 만들기]를 실행합니다.

❷ [줄 개수] 6, [칸 개수] 8을 입력한 후 ❸ [만들기]를 누릅니다.

다른 방법으로 [입력] → [표 ▾]를 선택한 후 6줄×8칸이 되도록 드래그해도 표를 만들 수 있습니다.

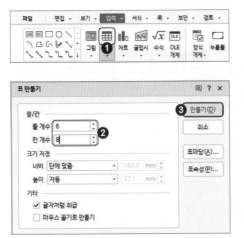
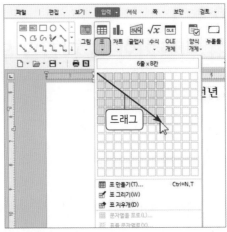

2. 6줄 8칸의 표가 만들어 졌습니다. 표는 줄, 칸, 셀로 구성됩니다.

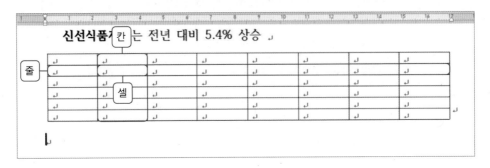

3. 표를 삭제하려면 셀에 커서가 있으면 안 되고 표 가장자리를 선택해 Delete 를 누르면 됩니다.

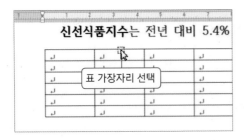
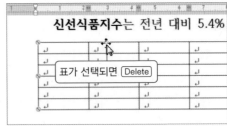

4. 표가 삭제되었습니다. 서식 도구 상자의 [되돌리기 ↺]를 누르거나 실행 취소 단축키 [Ctrl] + [Z]를 누르면 삭제한 표가 복원됩니다.

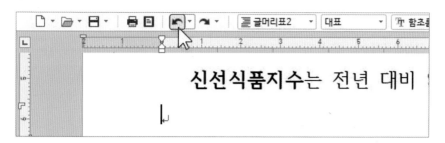

5. 키보드 방향키를 눌러 셀 위치를 이동해 가며 내용을 입력합니다. 셀 너비에 비해 입력할 내용이 많아 두 줄, 세 줄로 입력되어도 모두 입력한 후 셀 너비를 넓히면 되니까 계속 입력해 나갑니다.

신선식품지수는 전년 대비 5.4% 상승						
소비자물가지수						
농산물 및 석유류 제외 지수						
식료품 및 에너지 제외 지수						
생활물가지수						
신선식품지수						

6. 2016에서 2022까지 입력할 때 '표 자동 채우기'를 하면 빠르게 입력할 수 있습니다. 다음 예시와 같이 2016, 2017을 입력한 후 블록으로 지정하고 '표 자동 채우기' 단축키 [A]를 누르면 2022년까지 입력됩니다.

신선식품지수는 전년 대비 5.4% 상승						
	2016	2017				
소비자물가지수						
농산물 및 석유류 제외 지수						
식료품 및 에너지 제외 지수						

'2016', '2017' 입력 후 블록으로 지정하고 [A]

7. ❶ 내용을 모두 입력한 후 블록으로 지정합니다.

❷ [글꼴]은 함초롬돋움, ❸ [기준 크기]는 12pt로 설정합니다.

하면 된다! } 셀 너비와 높이 변경하기

1. ❶ 셀 너비를 넓히려면 셀과 셀 사이 경계선에 마우스 커서를 양방향 화살표 모양이 되도록 맞춘 후 오른쪽으로 드래그합니다.

❷ 오른쪽 셀의 너비가 좁아지면서 상대적으로 첫 번째 셀의 너비가 늘어납니다. 그렇다 보니 더 이상 너비를 넓힐 수가 없는데, 이런 경우 다른 오른쪽 셀들의 너비를 변경해 다시 첫 번째 셀의 너비를 넓혀주면 됩니다.

2. 이번에는 연도별 지수가 입력된 셀 너비를 모두 같게 변경해 보겠습니다.
❶ 두 번째 칸부터 마지막 칸까지 블록으로 지정한 후 ❷ 마우스 오른쪽 버튼을
눌러 [셀 너비를 같게]를 선택하거나 단축키 Ｗ를 누릅니다.

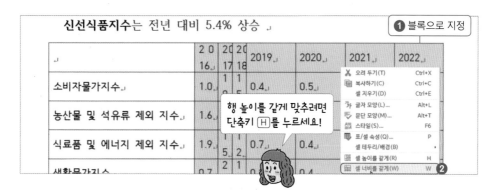

3. 셀 너비가 보기 좋게 변경되었다면 전체 셀 높이도 조금 늘려 보겠습니다. 마우
스로 높이를 변경할 수 있지만 이 경우에는 단축키를 사용하는 것이 편리합니다. 블
록이 지정된 상태에서 Ctrl + ↓를 세 번 정도 눌러 셀 높이를 늘려 줍니다.

신선식품지수는 전년 대비 5.4% 상승	2016	2017	2018	2019	2020	2021	2022
소비자물가지수	1.0	1.9	1.5	0.4	0.5	2.5	5.1
농산물 및 석유류 제외 지수	1.6	1.5	1.2	0.9	0.7	1.8	4.1
식료품 및 에너지 제외 지수	1.9	1.5	1.2	0.7	0.4	1.4	3.6
생활물가지수	0.7	2.5	1.6	0.2	0.4	3.2	6.0
신선식품지수	6.5	6.2	3.6	-5.1	9.0	6.2	5.4

Ctrl + ↓ 세 번 누름

4. 숫자 데이터는 오른쪽 정렬 하면 단위를 읽기 쉽습니다. 숫자 셀이 블록으로 지
정된 상태에서 기본 서식 상자에서 [오른쪽 정렬]을 누릅니다.

신선식품지수는 전년 대비 5.4% 상승	2016	2017	2018	2019	2020	2021	2022
소비자물가지수	1.0	1.9	1.5	0.4	0.5	2.5	5.1
농산물 및 석유류 제외 지수	1.6	1.5	1.2	0.9	0.7	1.8	4.1
식료품 및 에너지 제외 지수	1.9	1.5	1.2	0.7	0.4	1.4	3.6
생활물가지수	0.7	2.5	1.6	0.2	0.4	3.2	6.0
신선식품지수	6.5	6.2	3.6	-5.1	9.0	6.2	5.4

키보드를 사용한 블록 지정

셀 블록 지정

- F5 : 셀 블록 지정
- F5 + F5 : 연속 셀 블록 지정. 방향키를 눌러 여러 칸, 여러 줄을 블록으로 지정할 수 있습니다.
- F5 + F5 + F5 : 전체 셀 블록 지정

셀 너비와 높이 변경

- 셀을 블록 지정한 후 Ctrl + →, ←, ↑, ↓ : 방향키를 누른 횟수만큼 선택된 셀의 칸 또는 줄 단위로 너비 또는 높이가 변경되고 표 전체 크기도 변경됩니다.

신선식품지수는 전년 대비 5.4% 상승

						2021.	2022.
소비자물가지수	1.0.	1.9.	1.5.	0.4.	0.5.	2.5.	5.1.
농산물 및 석유류 제외 지수	1.6.	1.5.	1.2.	0.9.	0.7.	1.8.	4.1.
식료품 및 에너지 제외 지수	1.9.	1.5.	1.2.	0.7.	0.4.	1.4.	3.6.
생활물가지수	0.7.	2.5.	1.6.	0.2.	0.4.	3.2.	6.0.
신선식품지수	6.5.	6.2.	3.6.	-5.1.	9.0.	6.2.	5.4.

(F5 를 눌러 블록으로 지정)

- 셀을 블록 지정한 후 Alt + →, ←, ↑, ↓ : 표 전체 크기는 변경되지 않고 방향키를 누른 횟수만큼 선택된 셀의 칸 또는 줄 단위로 너비 또는 높이가 변경됩니다.

신선식품지수는 전년 대비 5.4% 상승

	2016.	2017.	2018.	2019.	2020.	2021.	2022.
소비자물가지수	1.0.	1.9.	1.5.	0.4.	0.5.	2.5.	5.1.
농산물 및 석유류 제외 지수	1.6.	1.5.	1.2.	0.9.	0.7.	1.8.	4.1.
식료품 및 에너지 제외 지수	1.9.	1.5.	1.2.	0.7.	0.4.	1.4.	3.6.
생활물가지수	0.7.	2.5.	1.6.	0.2.	0.4.	3.2.	6.0.
신선식품지수	6.5.	6.2.	3.6.	-5.1.	9.0.	6.2.	5.4.

- 셀을 블록 지정한 후 Shift + →, ←, ↑, ↓ : 선택한 셀의 너비 또는 높이만 변경됩니다. 너비가 변경되었을 때 높이는 변경할 수 없고, 높이가 변경되었을 때 너비를 변경할 수 없습니다.

신선식품지수는 전년 대비 5.4% 상승

	•	2016	2017	2018	2019	2020	2021	2022
소비자물가지수		1.0	1.9	1.5	0.4	0.5	2.5	5.1
농산물 및 석유류 제외 지수		1.6	1.5	1.2	0.9	0.7	1.8	4.1
식료품 및 에너지 제외 지수		1.9	1.5	1.2	0.7	0.4	1.4	3.6
생활물가지수		0.7	2.5	1.6	0.2	0.4	3.2	6.0
신선식품지수		6.5	6.2	3.6	-5.1	9.0	6.2	5.4

신선식품지수는 전년 대비 5.4% 상승

	•	2016	2017	2018	2019	2020	2021	2022
소비자물가지수		1.0	1.9	1.5	0.4	0.5	2.5	5.1
농산물 및 석유류 제외 지수		1.6	1.5	1.2	0.9	0.7	1.8	4.1
식료품 및 에너지 제외 지수		1.9	1.5	1.2	0.7	0.4	1.4	3.6
생활물가지수		0.7	2.5	1.6	0.2	0.4	3.2	6.0
신선식품지수		6.5	6.2	3.6	-5.1	9.0	6.2	5.4

하면 된다! } 셀 테두리와 배경색 설정하기

1. 표의 위/아래 테두리를 굵게 적용해 보겠습니다.

❶ 표 전체를 블록으로 지정한 후 ❷ [테두리 굵기] → 0.4mm를 선택합니다.

❸ [테두리 ▼] → 위쪽 테두리와 아래쪽 테두리를 선택합니다.

2. 표 양 끝 테두리를 제거해 보겠습니다.

❶ 표 전체를 블록으로 지정한 상태에서 [테두리 종류] → 없음을 선택합니다.

❷ [테두리 ▾] → 왼쪽 테두리와 오른쪽 테두리를 선택합니다.

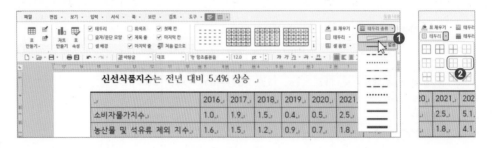

3. 첫 줄 아래 테두리를 이중 실선으로 적용해 표 머리글과 내용을 구분해 보겠습니다.

❶ 연도가 입력된 첫 번째 줄을 블록으로 지정합니다.

❷ [테두리 종류] → 이중 실선을 선택합니다.

❸ [테두리 ▾] → 아래쪽 테두리를 선택합니다.

4. 첫 번째 칸 오른쪽 테두리에 이중선을 적용해 보겠습니다.

❶ 첫 번째 칸을 블록으로 지정합니다.

❷ 다시 [테두리 ▾] → 오른쪽 테두리를 선택합니다.

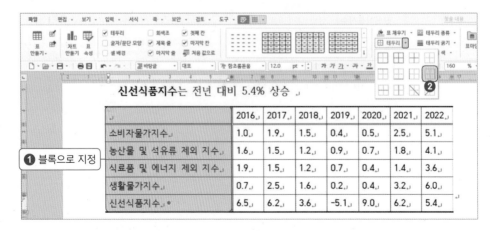

5. ❶ 마지막으로 2022년 칸을 블록으로 지정합니다.

　　❷ [표 채우기 ▼] → 진달래색을 선택합니다.

　　❸ Ctrl + B 를 눌러 2022년 데이터의 글꼴을 진하게 적용해 강조합니다.

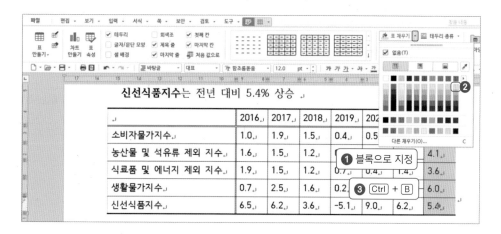

하면 된다! ┣ 줄/칸 추가하기와 지우기

이미 작성한 표에 줄과 칸을 추가하거나 필요 없는 줄을 쉽게 지울 수 있습니다. 특히 단축키를 사용하면 빠르게 편집할 수 있습니다. 이번 실습은 2쪽의 표를 활용해 진행합니다.

1. 표의 맨 마지막 셀에서 Tab 을 누르면 바로 아래에 줄이 추가됩니다.

	2016	2017	2018	2019	2020	2021	2022
소비자물가지수	1.0	1.9	1.5	0.4	0.5	2.5	5.1
농산물 및 석유류 제외 지수	1.6	1.5	1.2	0.9	0.7	1.8	4.1
식료품 및 에너지 제외 지수	1.9	1.5	1.2	0.7	0.4		
생활물가지수	0.7	2.5	1.6	0.2	0.4		
신선식품지수	6.5	6.2	3.6	-5.1	9.0	6.2	5.4

☐ 소비자물가지수 주요 등락률 추이

맨 마지막 셀에 커서를 두고 Tab 을 누르면 줄이 추가됨

2. 줄을 지우려면 첫 번째 셀에 커서를 두고 [Ctrl] + [Backspace]를 누르면 됩니다.

□ 소비자물가지수 주요 등락률 추이

	2016	2017	2018	2019	2020	2021	2022
소비자물가지수	1.0	1.9	1.5	0.4	0.5	2.5	5.1
농산물 및 석유류 제외 지수	1.6	1.5	1.2	0.9	0.7	1.8	4.1
식료품 및 에너지 제외 지수	1.9	1.5	1.2	0.7	0.4	1.4	3.6
생활물가지수	0.7	2.5	1.6				
신선식품지수	6.5	6.2	3.6				

> 첫 번째 셀에 커서를 두고 [Ctrl] + [Backspace]를 누르면 줄이 지워짐

> 지우려는 줄에 속한 어느 셀에 커서가 있어도 지울 수 있습니다.

3. 이번에는 셀 중간에 줄을 삽입해 볼 차례입니다. '생활물가지수' 아래쪽에 줄을 추가해 보겠습니다. 앞에서 배운 대로 '생활물가지수'의 '2022년' 셀을 선택한 후 [Tab]을 눌러 보세요.
아래쪽 '신선식품지수' 셀로 커서가 이동할 뿐 줄은 추가되지 않습니다. [Tab]은 마지막 셀에서만 아래쪽에 줄을 추가하는 단축키이기 때문이죠. 그러면 '생활물가지수' 아래쪽에 줄을 추가하려면 어떻게 해야 할까요?

□ 소비자물가지수 주요 등락률 추이

	2016	2017	2018	2019	2020	2021	2022
소비자물가지수	1.0	1.9	1.5	0.4	0.5	2.5	5.1
농산물 및 석유류 제외 지수	1.6	1.5	1.2	0.9	0.7	1.8	4.1
식료품 및 에너지 제외 지수	1.9	1.5	1.2	0.7	0.4	1.4	3.6
생활물가지수	0.7	2.5	1.6	0.2	0.4	3.2	6.0	[Tab]
신선식품지수				5.1	9.0	6.2	5.4

> 아래 줄 첫 번째 셀로 커서가 이동함

4. '생활물가지수' 줄의 셀 하나를 선택한 후 [Ctrl] + [Enter]를 누릅니다. 바로 아래에 빈 줄이 추가됩니다. 추가한 줄의 첫 번째 셀을 선택하고 [Ctrl] + [Backspace]를 눌러 행을 지웁니다.

	2016	2017	2018	2019	2020	2021	2022
소비자물가지수	1.0	1.9	1.5	0.4	0.5	2.5	5.1
농산물 및 석유류 제외 지수	1.6	1.5	1.2	0.9	0.7	1.8	4.1
식료품 및 에너지 제외 지수	1.9	1.5	1.2	0.7	0.4	1.4	3.6
생활물가지수	0.7	2.5	1.6	0.2	0.4	3.2	6.0
신선식품지수	6.5	6.2	3.6	-5.1	9.0	6.2	5.4

Ctrl + Enter

빈 줄이 추가됨

5. 이번에는 ❶ 첫 번째 줄의 셀 하나를 선택한 후 ❷ [표 레이아웃] → [위에 줄 추가하기]를 선택합니다. ❸ 위에 빈 줄이 추가됩니다.

아래 줄을 추가하듯이 바로 추가되는 단축키가 제공되지 않지만, 메뉴가 직관적으로 되어 있어 쉽게 추가할 수 있습니다.

	2016	2017	2018	2019	2020	2021	2022
소비자물가지수	1.0	1.9	1.5	0.4	0.5	2.5	5.1
농산물 및 석유류 제외 지수	1.6	1.5	1.2	0.9	0.7	1.8	4.1
식료품 및 에너지 제외 지수	1.9	1.5	1.2	0.7	0.4	1.4	3.6
생활물가지수	0.7	2.5	1.6	0.2	0.4	3.2	6.0
신선식품지수	6.5	6.2	3.6	-5.1	9.0	6.2	5.4

소비자물가지수 주요 등락률 추이

❶ 셀 선택

❸ 빈 줄이 추가됨

6. ❶ 맨 오른쪽 칸의 셀을 하나 선택한 후 ❷ [오른쪽에 칸 추가하기]를 선택합니다. ❸ 오른쪽에 빈 칸이 추가됩니다.

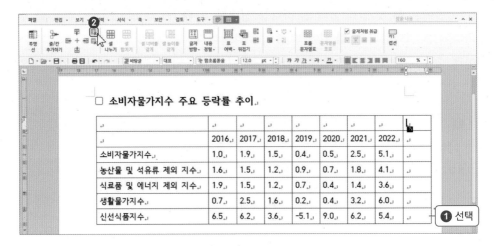

① 셀 선택

③ 빈 칸이 추가됨

7. 칸을 삭제하려면 **①** 삭제할 칸의 셀을 하나 선택하고 **②** [칸 지우기]를 선택하면
됩니다.

① 선택

하면 된다! ╞ 셀 합치기와 나누기

표를 편집하면서 여러 개의 셀을 하나로 합치고 반대로 하나의 셀을 여러 줄 또는
여러 칸으로 나눌 수 있습니다. 다음 예시를 참고해서 셀을 합치고 나누는 방법을
배워보겠습니다. 이번 실습은 3쪽의 표를 활용해 진행합니다.

□ 소비자물가지수 주요 등락률 추이

		연도별 동향(전년비)						
		2016	2017	2018	2019	2020	2021	2022
소비자물가지수		1.0	1.9	1.5	0.4	0.5	2.5	5.1
농산물 및 석유류 제외 지수		1.6	1.5	1.2	0.9	0.7	1.8	4.1
식료품 및 에너지 제외 지수		1.9	1.5	1.2	0.7	0.4	1.4	3.6
생활물가지수		0.7	2.5	1.6	0.2	0.4	3.2	6.0
신선식품지수		6.5	6.2	3.6	-5.1	9.0	6.2	5.4
품목성질별	농축수산물	3.8	5.5	3.7	-1.7	6.7	8.7	3.8
	공업제품	-0.5	1.4	1.3	-0.2	-0.2	2.3	6.9
	전기·가스·수도	-9.2	-1.4	-2.9	1.5	-1.4	-2.1	12.6
	서비스	2.2	2.0	1.6	0.9	0.3	2.0	3.7

이런 표를 만들어
볼 거예요!

1. ❶ 첫 번째 줄을 다음과 같이 블록으로 지정한 후 ❷ 마우스 오른쪽 버튼을 눌러 [셀 합치기]를 선택하거나 단축키 M을 눌러 하나의 셀로 합칩니다.

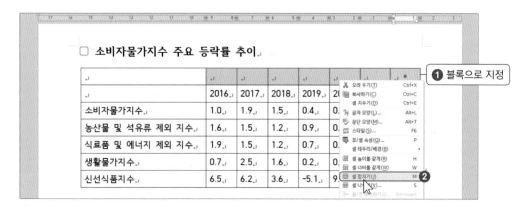

2. ❶ 합친 셀에 연도별 동향(전년비)를 입력하고 ❷ [가운데 정렬]을 누릅니다.

3. 다음 예시와 같이 블록으로 지정한 후 M을 눌러 셀을 합칩니다.

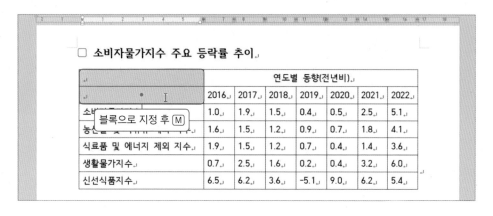

4. '신선식품지수' 줄에서 셀을 하나 선택하고 [Ctrl] + [Enter]를 눌러 아래쪽에 4줄을 추가합니다.

5. ❶ 다음 예시와 같이 블록으로 지정한 후 ❷ 마우스 오른쪽 버튼을 눌러 [셀 나누기]를 선택하거나 단축키 [S]를 누릅니다.

6. ❶ [줄 개수]의 체크 표시를 해제하면 [칸 개수]에 체크 표시가 됩니다.
❷ 나눌 [칸 개수]에 2를 입력하고 ❸ [나누기]를 누릅니다.

7. ❶ 나누어진 첫 번째 칸을 선택한 후 M을 눌러 하나로 합치고 ❷ 품목성질별을 입력합니다.

8. '품목성질별' 셀에서 마우스 오른쪽 버튼을 눌러 [표/셀 속성]을 선택합니다. 셀에 블록이 지정된 상태에서는 단축키 P를 눌러도 [표/셀 속성]을 실행할 수 있습니다.

 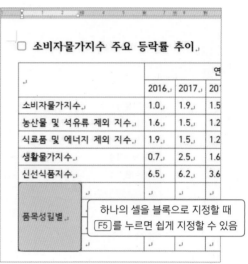

하나의 셀을 블록으로 지정할 때 F5를 누르면 쉽게 지정할 수 있음

9. [표/셀 속성]에서 ❶ [셀] 탭 → 세로쓰기에 체크 표시한 후 ❷ [설정]을 누릅니다.

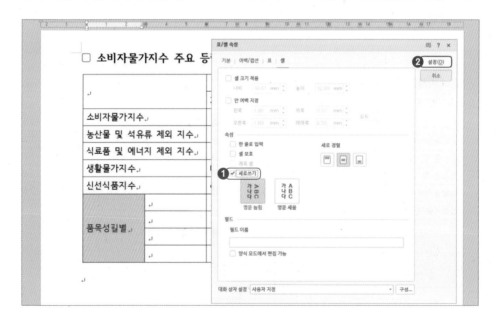

10. 글자가 세로 방향으로 표시되었습니다. 다음 예시와 같이 셀과 셀 사이에 마우스 커서가 양방향 화살표 모양이 되도록 맞추고 왼쪽으로 드래그해 셀 너비를 줄여줍니다.

□ 소비자물가지수 주요 등락률 추이

| | 연도별 동향(전년비) | | | | | | |
	2016	2017	2018	2019	2020	2021	2022
소비자물가지수	1.0	1.9	1.5	0.4	0.5	2.5	5.1
농산물 및 석유류 제외 지수	1.6	1.5	1.2	0.9	0.7	1.8	4.1
식료품 및 에너지 제외 지수	1.9	1.5	1.2	0.7	0.4	1.4	3.6
생활물가지수	0.7	2.5	1.6	0.2	0.4	3.2	6.0
신선식품지수	6.5	6.2	3.6	-5.1	9.0	6.2	5.4

11. 다음 예시와 같이 셀에 내용을 모두 입력한 후 연도와 숫자가 있는 범위를 블록으로 지정하고 서식 도구 상자에서 [오른쪽 정렬]을 선택하거나 단축키 Ctrl + Shift + R 을 누릅니다.

□ 소비자물가지수 주요 등락률 추이

| | | 연도별 동향(전년비) | | | | | | |
		2016	2017	2018	2019	2020	2021	2022
	소비자물가지수	1.0	1.9	1.5	0.4	0.5	2.5	5.1
	농산물 및 석유류 제외 지수	1.6	1.5	1.2	0.9	0.7	1.8	4.1
	식료품 및 에너지 제외 지수	1.9	1.5	1.2	0.7	0.4	1.4	3.6
	생활물가지수	0.7	2.5	1.6	0.2	0.4	3.2	6.0
	신선식품지수	6.5	6.2	3.6	-5.1	9.0	6.2	5.4
품목성질별	농축수산물	3.8	5.5	3.7	-1.7	6.7	8.7	3.8
	공업제품	-0.5	1.4	1.3	-0.2	-0.2	2.3	6.9
	전기·가스·수도	-9.2	-1.4	-2.9	1.5	-1.4	-2.1	12.6
	서비스	2.2	2.0	1.6	0.9	0.3	2.0	3.7

입력 후 오른쪽 정렬

하면 된다! } 표의 대각선 넣기

표의 첫 번째 셀에 연도와 업종을 좌우로 배치하고 대각선을 넣어 편집해 보겠습니다.
이번 실습은 3쪽의 표를 활용해 진행합니다.

업종 \ 연도	2018	2019	2020	2021
편의점	41,359	41,444	190,149	186,776
문구점	1,688	1,676	4,378	4,377
의약품	3,632	3,839	12,873	12,239
안경·렌즈	3,184	3,171	8,566	9,162
한식	29,209	31,025	113,788	119,586
외국식	7,561	7,508	37,068	44,626

1. ❶ 연도를 입력한 후 Enter 를 누르고 업종을 입력합니다.

❷ 업종은 그대로 두고 연도에 커서를 둔 후 서식 도구 상자에서 [오른쪽 정렬]을
선택합니다.

연도 업종	❶ 입력	2018
편의점		41,359
문구점		1,688
의약품		3,632
안경·렌즈		3,184

	연도	❷ 오른쪽 정렬 2018
업종		
편의점		41,359
문구점		1,688
의약품		3,632
안경·렌즈		3,184

2. ❶ 첫 번째 셀이 선택된 상태에서 ❷ [표 디자인] → [테두리 종류] → 실선을 선
택합니다.

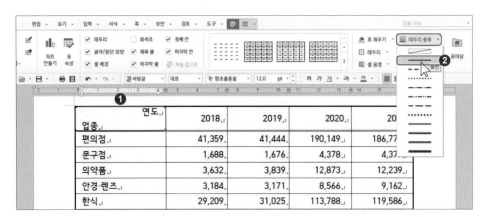

3. ❶ [테두리 굵기] → 0.15mm를 선택한 후 ❷ [테두리 ▼] → [대각선 하향 테두리]를 선택합니다.

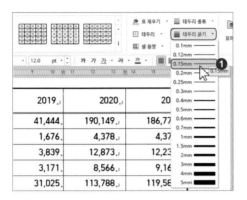

4. F5를 눌러 첫 번째 셀을 블록으로 지정한 후 Ctrl 을 누른 상태에서 ↓ 를 세 번 정도 눌러 셀 높이를 조정합니다.

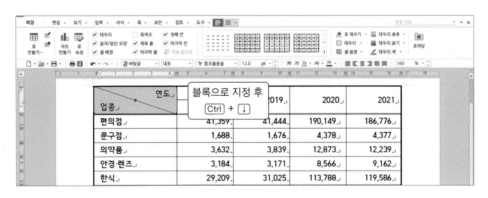

03-2
표 자동 채우기와 사용자 정의 목록 만들기

• 실습 파일 03-2_실습_1~2.hwp   • 완성 파일 03-2_완성_1~2.hwp

거래처 정보를 작성하기 위해 만들어 놓은 표에 1, 2, 3, … 순으로 번호를 입력하려면 표 자동 채우기를 사용해 보세요. 아주 빠르고 효율적으로 번호를 매길 수 있습니다. 번호뿐만 아니라 기본 데이터로 제공하는 자동 채우기 목록에서 개월과 요일 등을 채울 수 있고, 사용자가 직접 새 목록을 만들어 추가할 수도 있습니다.

하면 된다! } 표 자동 채우기로 번호 매기기

1. 03-2_실습_1.hwp 파일을 열어 번호 칸에 1, 2를 순서대로 입력하고 1, 2가 입력된 셀을 포함해 번호 칸을 모두 블록으로 지정합니다. 하지만 두 쪽으로 나누어진 표에서 마우스를 드래그해 번호 칸만 블록으로 지정하기란 쉽지 않습니다. 이 경우 PgDn 을 누르면 쉽게 블록으로 지정할 수 있습니다.

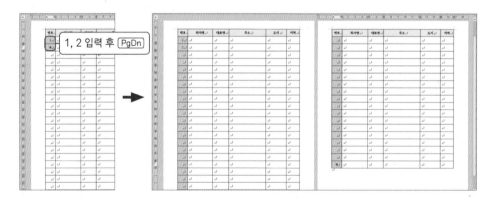

2. 번호 칸을 블록으로 지정한 상태에서 '표 자동 채우기' 단축키 Ⓐ를 누르면 번호가 자동 채우기 됩니다.

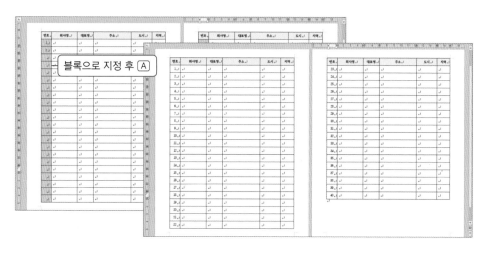

블록으로 지정 후 Ⓐ

3. ❶ 마지막 행에서 임의의 셀을 선택하고 Ctrl + Enter 여러 번 눌러 줄을 추가합니다. 추가한 행에 번호를 매겨보겠습니다.

❷ 39, 40번 칸을 블록으로 지정하고 PgDn 을 눌러 마지막 칸까지 블록으로 지정한 후 ❸ 단축키 Ⓐ를 눌러 번호를 자동으로 입력합니다.

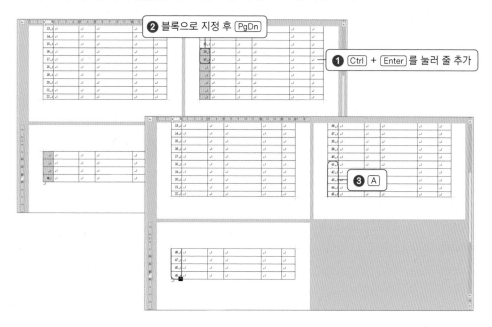

❷ 블록으로 지정 후 PgDn

❶ Ctrl + Enter 를 눌러 줄 추가

❸ Ⓐ

하면 된다! ⟩ 자동 채우기 목록과 사용자 정의 목록 만들기

표 자동 채우기뿐만 아니라 개월, 요일과 같이 자주 입력하는 목록을 자동 채우기를 사용해 빠르게 입력할 수 있고, 사용자가 필요한 목록을 만들어 사용할 수도 있습니다. 다음 예시를 참고해서 요일과 부서명을 자동 채우기를 사용해 빠르게 입력하는 방법을 배워 보겠습니다.

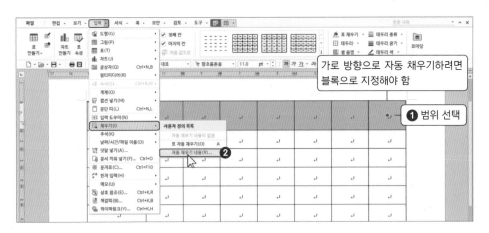

1. 이번 실습은 03-2_실습_2.hwp 파일에서 진행합니다. ❶ 요일을 입력할 셀 범위를 선택합니다. ❷ [입력] → [채우기] → [자동 채우기 내용]을 선택합니다.

2. 이미 등록된 자동 채우기 목록을 확인할 수 있습니다. 요일은 이미 많은 사람이 사용하고 있어 기본 목록에 등록되어 있습니다.

❶ 목록에서 월요일, 화요일~을 선택하고 ❷ [채우기]를 누릅니다.

3. 이번에는 부서명 자동 채우기를 해보겠습니다. 부서명은 자동 채우기 목록에 등록되어 있지 않습니다. 이 경우 사용자 정의 목록으로 추가하면 됩니다. 부서명을 채울 셀에 커서를 두고 [입력] → [채우기] → [자동 채우기 내용]을 선택합니다.

❶ [사용자 정의] 탭을 선택한 후 ❷ [제목]에 부서명을 입력하고 ❸ [내용]에 총무부, 기획부, 홍보부, 경리부, 인사부, 관리부, 해외사업부 순으로 입력합니다.

❹ [추가 ➕]를 누르면 [사용자 정의 목록]에 부서명 목록이 등록됩니다.

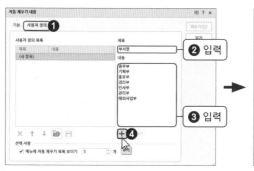

4. [채우기]를 누르면 부서명이 자동 채우기 됩니다.

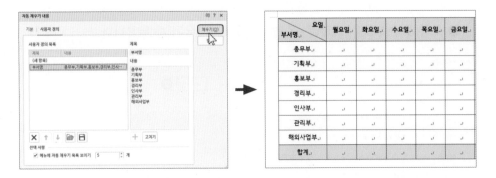

5. 새 문서를 작성할 때 부서명 목록을 빠르게 채우려면 [입력] → [채우기] → [사용자 정의 목록]에서 1. 부서명 : 총무부,기획부…를 선택하면 됩니다.

하면 된다! } 사용자 정의 목록 고치기와 지우기

이미 등록한 사용자 정의 목록을 쉽게 수정할 수 있고, 사용하지 않는 목록은 삭제할 수 있습니다. 사용자 정의 목록은 [입력] → [채우기] → [자동 채우기 내용]을 선택해 실행할 수 있습니다.

1. ❶ 수정할 부서명 목록을 선택하고 **❷** [고치기]를 누릅니다. **❸** [내용] 맨 아래에 영업부를 입력하고 **❹** [적용]을 누릅니다. 부서명 목록에 영업부가 추가됩니다.

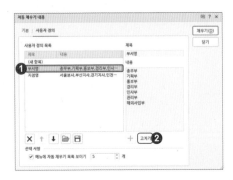

2. 이번에는 목록을 삭제해 보겠습니다.
❶ 지점명 목록을 선택하고 ❷ [자동 채
우기 목록 지우기 ☒]를 누릅니다.

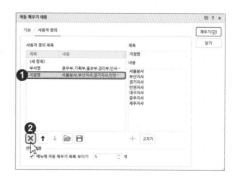

하면 된다! } 자동 채우기 목록 저장하기와 가져오기

사용자 정의 목록을 저장해 두고 다른 컴퓨터에서 사용할 수 있습니다. 파일 형태로
USB 메모리에 저장해 두고 어디서든 사용할 수 있어 편리합니다.

1. ❶ [자동 채우기 내용]의 [사용자 정의] 탭에서 [자동 채우기 목록 저장하기]를
누릅니다.
❷ 파일 이름을 사용자정의목록으로 입력한 후 ❸ [저장]을 누릅니다.

 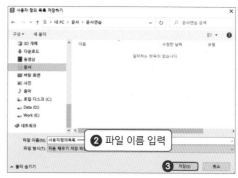

2. 다른 컴퓨터에서 한글을 실행하고 사용자 정의 목록을 가져와 보겠습니다.
❶ [자동 채우기 내용]의 [사용자 정의] 탭에서 [자동 채우기 목록 가져오기 🖼]를
누릅니다.
❷ 사용자정의목록이 저장된 위치에서 파일을 선택하고 ❸ [열기]를 누릅니다.

3. 부서명과 지점명 목록을 가져올 수 있습니다.

03-3

쪽 경계를 셀 단위로 나누기와 제목 셀 설정하기

• 실습 파일 03-3_실습.hwp   • 완성 파일 03-3_완성.hwp

쪽이 나누어지면서 표의 셀이 두 줄에 걸쳐 작성될 수 있습니다. 이런 문제를 해결하는 방법과 여러 쪽에 걸친 표에서 제목 줄이 자동으로 반복해서 표시되도록 설정하는 방법을 배워 보겠습니다.

하면 된다! } 쪽 경계를 셀 단위로 나누기

1. 표 안에 커서를 두고 마우스 오른쪽 버튼을 눌러 [표/셀 속성]을 선택합니다.

2. ❶ [표] 탭에서 [셀 단위로 나눔]을 선택한 후 ❷ [설정]을 누릅니다.
쪽 경계가 셀 단위로 나누어집니다.

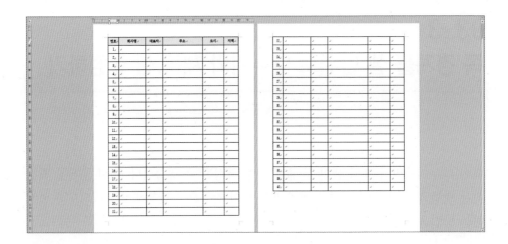

하면 된다! ▶ 제목 셀을 페이지마다 반복해서 표시하기

제목 셀을 지정할 때는 표의 첫 번째 줄을 반드시 포함해야 합니다. 첫 번째 줄을 제외하고 두 번째 줄을 제목 셀로 지정하면 제목 줄 자동 반복이 동작하지 않습니다.

1. ❶ 첫 번째 줄을 블록으로 지정한 후 ❷ 마우스 오른쪽 버튼을 눌러 [표/셀 속성]을 선택하거나 단축키 ⓟ를 누릅니다.

2. ❶ [표] 탭의 제목 줄 자동 반복에 체크 표시가 된 상태에서(기본값) ❷ [셀] 탭의 제목 셀에 체크 표시하고 ❸ [설정]을 누릅니다. 두 번째 쪽에도 제목 셀이 표시됩니다.

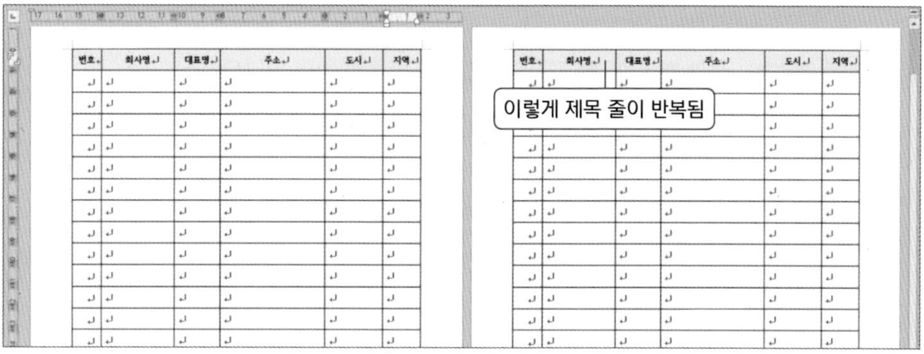

이렇게 제목 줄이 반복됨

3. 제목 셀에서 '대표명'을 '대표자'로 변경해 보겠습니다. 첫 번째 쪽 제목 셀에서 대표명을 대표자로 변경합니다. 두 번째 쪽에도 대표자로 변경되었습니다.

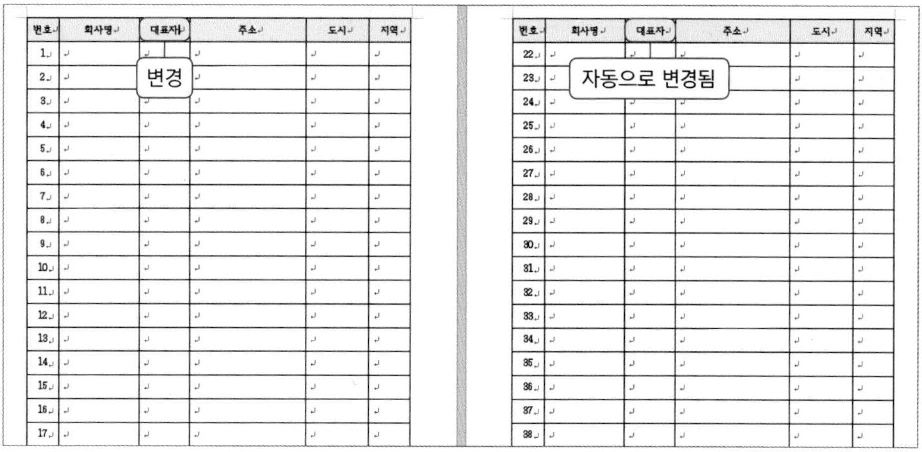

변경

자동으로 변경됨

4. 제목 셀 반복을 해제하려면 첫 번째 쪽에서 제목 셀을 블록으로 지정하고 P를 눌러 [표/셀 속성]을 실행한 후 [셀] 탭에서 제목 셀의 체크 표시를 해제하면 됩니다.

질문 있어요! 표가 첫 번째 페이지에 갇혔는데 어떻게 하면 되나요?

표의 줄 수가 많아 두 번째 쪽으로 넘어가 작성되어야 하는데 다음 예시와 같이 첫 번째 쪽에 표가 갇히는 경우가 있습니다. 이 경우에는 [표/셀 속성]에서 글자처럼 취급의 체크 표시를 해제하고 [본문과의 배치]에서 자리 차지를 선택하면 됩니다.

03-4
표 나누기와 붙이기

• 실습 파일 03-4_실습.hwp   • 완성 파일 03-4_완성.hwp

엑셀에서 쓰는 단축키를 정리 중인 표가 있습니다. 하나의 표로 작성하면서 서식 관련 단축키와 셀 이동과 범위 선택 단축키를 분리해 2개의 표로 편집하려고 합니다. 한글에서는 하나의 표를 2개로 분리하고 2개의 표를 하나로 합치는 것이 아주 쉽습니다.

> 실제로 쓸 수 있는 엑셀 단축키들이니 알아 두면 좋습니다!

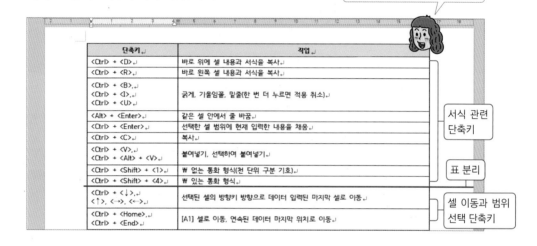

하면 된다! } 하나의 표를 둘로 나누기

1. ❶ 나누고 싶은 줄의 셀에 커서를 둡니다.

   ❷ [표 레이아웃] → [표 나누기] 또는 단축키 Ctrl + N, A를 누릅니다.

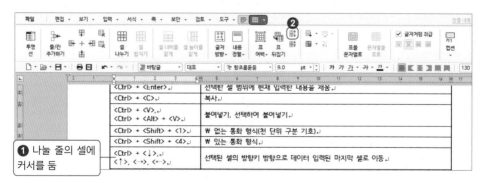

❶ 나눌 줄의 셀에 커서를 둠

2. 분리된 표에 제목이 표시되도록 첫 번째 표에서 복사해 붙이겠습니다.

❶ 제목 줄을 블록으로 지정한 후 마우스 오른쪽 버튼을 눌러 [복사]를 선택하거나 단축키 Ctrl + C 를 누릅니다.

❷ 두 번째 표의 첫 번째 줄에 커서를 두고 마우스 오른쪽 버튼을 눌러 [붙이기]를 선택하거나 단축키 Ctrl + V 를 누릅니다.

❸ [셀 붙이기]가 실행되면 [위쪽에 끼워 넣기]를 선택한 후 ❹ [붙이기]를 누릅니다.

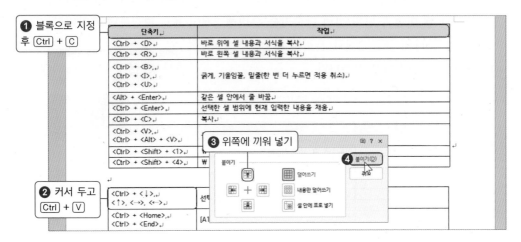

3. 반대로 분리된 표를 붙이려면 ❶ 첫 번째 표 마지막 줄에 커서를 두고 ❷ [표 레이아웃] → [표 붙이기]를 선택하거나 단축키 Ctrl + N, Z 를 누르면 됩니다.

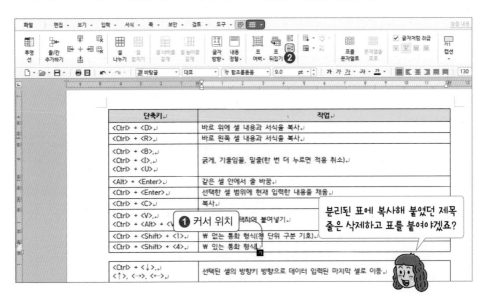

분리된 표에 복사해 붙였던 제목 줄은 삭제하고 표를 붙여야겠죠?

캡션 삽입하기

• 실습 파일 03-5_실습.hwp   • 완성 파일 03-5_완성.hwp

본문에 삽입된 표, 그림, 글상자, 그리기 개체, 수식에 캡션을 삽입해 번호와 함께 간단한 설명을 붙일 수 있습니다. 이처럼 캡션을 붙이면 표 차례, 그림 차례, 수식 차례를 쉽게 작성할 수 있습니다.

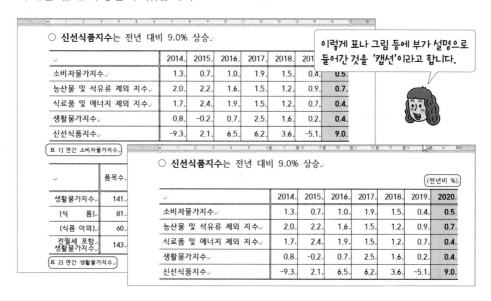

하면 된다! } 표 아래에 캡션 삽입하기

1. 표 안에 커서를 두고 [입력 ▼] → [캡션 넣기] → [아래]를 선택합니다.

2. 캡션 번호 표 1이 삽입됩니다. 여기서는 표 번호에]를 붙여 보겠습니다.

❶ (Backspace)를 눌러 번호와 공백이 없도록 한 후]와 연간 소비자물가지수를 입력합니다. 그리고 블록으로 지정한 후 단축키 (Alt) + (L)을 눌러 [글자 모양]을 실행합니다.

❷ [글꼴]은 함초롬돋움, ❸ [기준 크기]는 9pt로 변경하고 ❹ [설정]을 누릅니다.

❺ 같은 방법으로 두 번째 표에도 표 2] 연간 생활물가지수를 입력한 후 글꼴과 크기를 변경합니다.

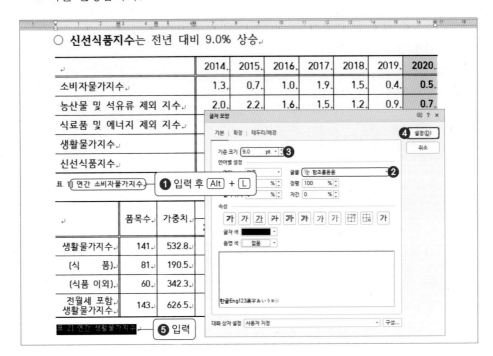

3. 캡션을 지우려면 표 안에 커서를 두고 [입력 ▼] → [캡션 넣기] → [캡션 없음]을 선택하면 됩니다.

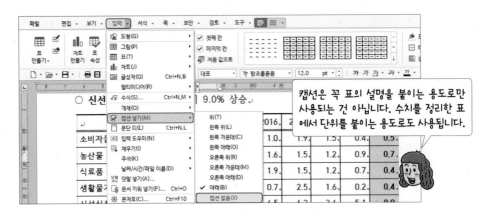

> 캡션은 꼭 표의 설명을 붙이는 용도로만 사용되는 건 아닙니다. 수치를 정리한 표에서 단위를 붙이는 용도로도 사용됩니다.

4. 표의 오른쪽 위에 단위를 붙여 보겠습니다. 표 안에 커서를 두고 [입력 ▼] → [캡션 넣기] → [위]를 선택합니다. [오른쪽 위]를 선택하면 안 됩니다.

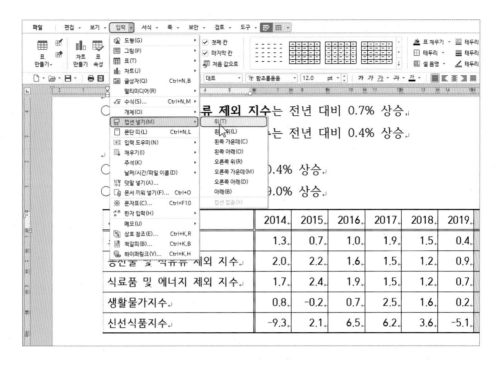

질문 있어요!   나머지 캡션 위치는 어떻게 되나요?

위의 설명에서 캡션의 위치를 [오른쪽 위]가 아닌 [위]로 했는데요, 다음 그림과 같이 캡션이 표시되기 때문입니다. 나머지 캡션 위치는 다음과 같습니다.

왼쪽 위									오른쪽 위
왼쪽 가운데									오른쪽 가운데
왼쪽 아래									오른쪽 아래

○ **신선식품지수**는 전년 대비 9.0% 상승

	2014.	2015.	2016.	2017.	2018.	2019.	2020.
소비자물가지수	1.3.	0.7.	1.0.	1.9.	1.5.	0.4.	0.5.
농산물 및 석유류 제외 지수	2.0.	2.2.	1.6.	1.5.	1.2.	0.9.	0.7.
식료품 및 에너지 제외 지수	1.7.	2.4.	1.9.	1.5.	1.2.	0.7.	0.4.
생활물가지수	0.8.	-0.2.	0.7.	2.5.	1.6.	0.2.	0.4.
신선식품지수	-9.3.	2.1.	6.5.	6.2.	3.6.	-5.1.	9.0.

5. 표 1이 표 위에 입력되었습니다.

❶ Backspace 를 누른 후 ❷ [지우기] 창에서 [지움]을 눌러 '표 1'을 지웁니다.

❸ (전년비, %)를 입력한 후 ❹ 오른쪽 정렬 합니다.

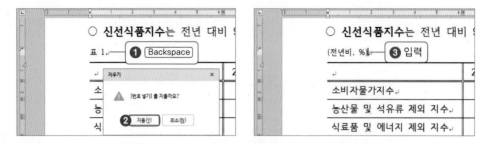

6. 캡션과 표의 간격을 줄여 보겠습니다.

표를 선택한 상태에서 단축키 P 를 눌러[표/셀 속성]을 실행하여 ❶ [여백/캡션] 탭을 누르고 ❷ [개체와의 간격]을 1mm로 변경한 후 ❸ [설정]을 누릅니다.

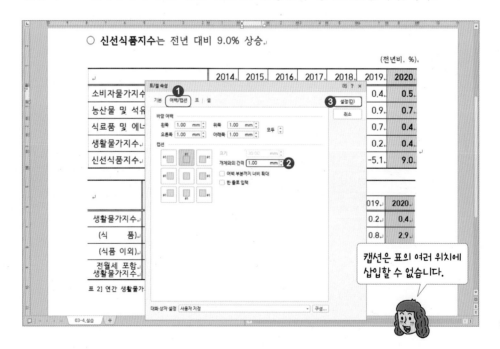

캡션은 표의 여러 위치에 삽입할 수 없습니다.

03-6
자릿점 넣기와 표 계산식

• 실습 파일 03-6_실습.hwp   • 완성 파일 03-6_완성.hwp

표를 작성할 때 숫자에 천 단위마다 자릿점을 일일이 입력하는 건 번거로운 일입니다. 숫자를 모두 입력한 후 한 번에 자릿점을 추가할 수 있습니다.

또한 표에서도 계산식을 작성할 수 있습니다. 계산식에는 블록 계산식, 쉬운 계산식, 계산식으로 입력된 데이터에 맞게 계산식을 선택해 사용할 수 있습니다.

하면 된다! } 천 단위마다 자릿점 넣고 블록 계산식으로 합계 구하기

1. 03-6_실습.hwp 파일의 '업종별 종사자수 현황'에서 숫자에 자릿점을 추가해 보겠습니다.

❶ 천 단위마다 자릿점을 추가할 범위를 선택한 후 ❷ 마우스 오른쪽 버튼을 눌러 [1,000 단위 구분 쉼표] → [자릿점 넣기]를 선택합니다.

반대로 [자릿점 빼기]를 선택하면 자릿점을 뺄 수 있습니다.

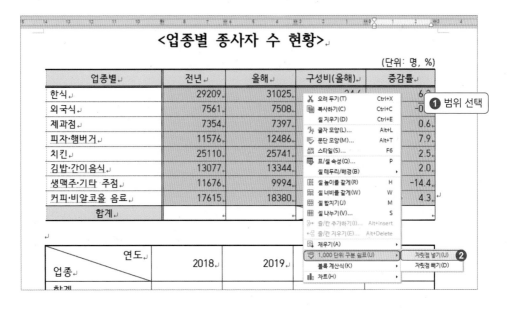

2. 전년, 올해, 증감의 합계를 구해 보겠습니다.

❶ 먼저 합계를 구할 전년과 올해 업종별 종사자 수와 합계를 구할 셀 범위를 블록으로 지정하고 ❷ 마우스 오른쪽 버튼을 눌러 [블록 계산식] → [블록 합계]를 선택하거나 단축키 Ctrl + Shift + S 를 누릅니다. 연속된 데이터 범위의 합계, 평균, 곱을 숫자 범위 아래와 오른쪽에 구할 때 블록 계산식을 사용합니다.

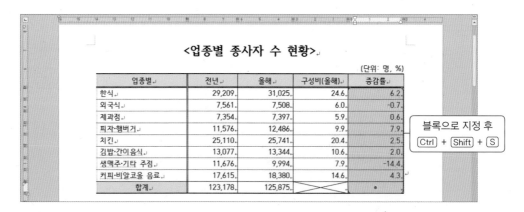

3. 증감 범위도 블록으로 지정하고 블록 합계 단축키 Ctrl + Shift + S 를 눌러 합계를 구합니다.

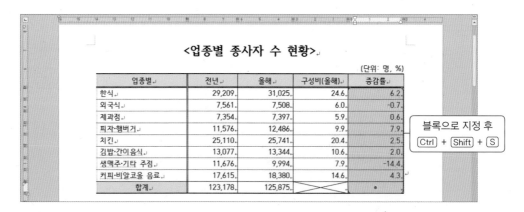

쉬운 계산식

이번에는 연도별 업종수 합계를 구해 보겠습니다. 앞서 학습한 블록 합계를 구합니다. 하지만 '계산식을 넣을 수 없습니다.'라는 오류가 발생합니다. 블록 계산식은 계산할 데이터 아래 또는 오른쪽 셀에만 합계를 구할 수 있습니다. 이 경우 **쉬운 계산식**을 사용하면 됩니다.

연도 업종	2018	2019	2020	2021
합계				
편의점	41,359	41,444	190,149	186,776
문구점	1,688	1,676	4,378	4,377
의약품	3,632	3,839	12,873	12,239
안경·렌즈			8,566	9,162
한식			113,788	119,586
외국식			37,068	44,626
제과점			33,604	36,818
피자·햄버거			55,946	58,085
치킨	25,110	25,741	62,502	61,878
김밥·간이음식	13,077	13,344	45,411	51,304
생맥주·기타주점	11,676	9,994	25,387	23,632
커피·비알코올음료	17,615	18,380	77,589	90,440
자동차 수리	7,038	7,068	24,758	25,757
두발미용	3,897	3,934	19,790	19,411
가정용 세탁	4,575	4,836	7,013	6,542
기타	21,548	23,744	83,596	88,657

한글
계산식을 넣을 수 없습니다.
확인(Y)

쉬운 계산식을 사용하면 현재 셀을 기준으로 가로 합계, 세로 합계, 가로 평균, 세로 평균, 가로 곱, 세로 곱을 쉽게 계산할 수 있습니다.

하면 된다! ╠ 쉬운 계산식으로 세로 합계 구하기

1. ❶ 합계를 구할 2018년 셀을 선택한 후 ❷ 마우스 오른쪽 버튼을 눌러 [쉬운 계산식] → [세로 합계]를 선택하거나 단축키 Ctrl + Shift + V 를 누릅니다.

연도 업종	2018		2019	2020	2021
합계	❶		붙이기(P) Ctrl+V		
편의점	41,35		문자표(C) Ctrl+F10	90,149	186,776
문구점	1,68		인쇄(R)... Alt+P	4,378	4,377
의약품	3,63		글자 모양(L)... Alt+L	12,873	12,239
안경·렌즈	3,18		문단 모양(M)... Alt+T	8,566	9,162
한식	29,20		스타일(S)... F6	13,788	119,586
외국식	7,56		글머리표 및 문단 번호(N)...	37,068	44,626
제과점	7,35		새 메모(T)	33,604	36,818
피자·햄버거	11,57		재우기(A)	55,946	58,085
치킨	25,11		교정 부호 넣기(O)	62,502	61,878
김밥·간이음식	13,07		표/셀 속성(Q)... P	45,411	51,304
생맥주·기타주점	11,67		셀 테두리/배경(B) ▸		
커피·비알코올음료	17,61		셀 나누기(T)... S		
자동차 수리	7,03		줄/칸 추가하기(I)... Alt+Insert		
두발미용	3,897		줄/칸 지우기(E)... Alt+Delete		
가정용 세탁	4,575	4,836	7,013	6,542	
기타	21,548	23,744	83,596	83,657	

블록 계산식(K)
쉬운 계산식(Y) ▸
계산식(F)... Ctrl+N,F
차트(H)...
표마당(G)...
표 뒤집기(S)... T

가로 합계(H) Ctrl+Shift+H
세로 합계(V) Ctrl+Shift+V ❷
가로 평균(J) Ctrl+Shift+J
세로 평균(B) Ctrl+Shift+B
가로 곱(K) Ctrl+Shift+K
세로 곱(N) Ctrl+Shift+N

2. 2018년 업종수의 합계가 구해졌습니다. 2019~2021년 합계는 표 자동 채우기를 사용하면 빠르게 구할 수 있습니다. 2019, 2020, 2021년 합계를 구할 셀 범위를 선택하고 표 자동 채우기 단축키 Ⓐ를 누릅니다. 2019~2021년 합계가 빠르게 구해집니다.

업종 \ 연도	2018	2019	2020	2021
합계	210,099			*
편의점	41,359	41,444	190,149	186,776
문구점	1,688	1,676	4,378	4,377
의약품	3,632	3,839	12,873	12,239
안경·렌즈	3,184	3,171	8,566	9,162
한식	29,209	31,025	113,788	119,586
외국식	7,561	7,508	37,068	44,626
제과점	7,354	7,397	33,604	36,818
피자·햄버거	11,576	12,486	55,946	58,085
치킨	25,110	25,741	62,502	61,878
김밥·간이음식	13,077	13,344	45,411	51,304
생맥주·기타 주점	11,676	9,994	25,387	23,632
커피·비알코올음료	17,615	18,380	77,589	90,440
자동차 수리	7,038	7,068	24,758	25,757
두발미용	3,897	3,934	19,790	19,411
가정용 세탁	4,575	4,836	7,013	6,542
기타	21,548	23,744	83,596	83,657

Ⓐ →

업종 \ 연도	2018	2019	2020	2021
합계	210,099	215,587	802,418	834,290
편의점	41,359	41,444	190,149	186,776
문구점	1,688	1,676	4,378	4,377
의약품	3,632	3,839	12,873	12,239
안경·렌즈	3,184	3,171	8,566	9,162
한식	29,209	31,025	113,788	119,586
외국식	7,561	7,508	37,068	44,626
제과점	7,354	7,397	33,604	36,818
피자·햄버거	11,576	12,486	55,946	58,085
치킨	25,110	25,741	62,502	61,878
김밥·간이음식	13,077	13,344	45,411	51,304
생맥주·기타 주점	11,676	9,994	25,387	23,632
커피·비알코올음료	17,615	18,380	77,589	90,440
자동차 수리	7,038	7,068	24,758	25,757
두발미용	3,897	3,934	19,790	19,411
가정용 세탁	4,575	4,836	7,013	6,542
기타	21,548	23,744	83,596	83,657

계산식

덧셈, 뺄셈, 곱셈, 나눗셈의 간단한 사칙연산은 물론이고, SUM(합계)과 AVG(평균)와 같은 함수와 LEFT, RIGHT, BELOW, ABOVE와 같은 범위 지정자를 사용해 계산식을 작성할 수 있습니다.

하면 된다! } 계산식으로 합계 구하기

1. ❶ 먼저 전년 합계를 구할 셀을 선택하고 **❷** 마우스 오른쪽 버튼을 눌러 [계산식]을 선택하거나 단축키 Ctrl + N, F를 누릅니다.

2. [함수]에서 SUM(..)을 선택합니다. 합계를 구하는 SUM 함수뿐만 아니라 평균을 구하는 AVERAGE, 최솟값/최댓값을 구하는 MIN/MAX 함수 등 다양한 함수를 사용할 수 있습니다.

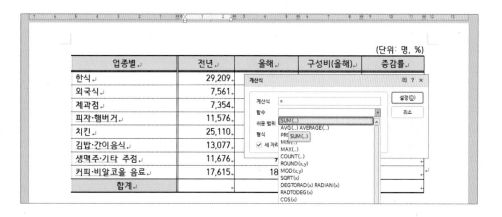

3. [계산식]에 SUM() 함수가 표시됩니다. 이번에는 [쉬운 범위]에서 현재 셀의 위쪽 모두 (ABOVE)를 선택합니다. 합계를 구할 숫자가 있는 범위를 선택할 수 있어 블록 합계를 사용할지, 쉬운 계산식을 사용할지 구분할 필요가 없습니다.

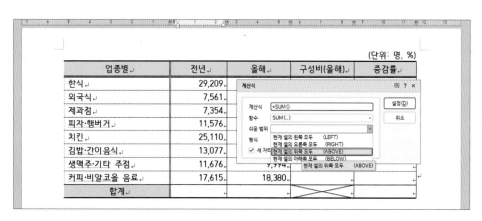

4. [형식]은 기본 형식, 정수형, 소수점 이하 자릿수를 선택할 수 있습니다.

❶ 기본 형식을 선택하고 ❷ [설정]을 누릅니다.

업종별	전년	올해	구성비(올해)	증감률
한식	29,209			
외국식	7,561			
제과점	7,354			
피자·햄버거	11,576			
치킨	25,110			
김밥·간이음식	13,077			
생맥주·기타 주점	11,676			
커피·비알코올 음료	17,615	18		
합계				

5. 전년과 올해 범위를 블록으로 지정하고 단축키 Ⓐ를 눌러 자동 채우기 합니다.

업종별	전년	올해	구성비(올해)	증감률
한식	29,209	31,025		
외국식	7,561	7,508		
제과점	7,354	7,397		
피자·햄버거	11,576	12,486		
치킨	25,110	25,741		
김밥·간이음식	13,077	13,344		
생맥주·기타 주점	11,676	9,994		
커피·비알코올 음료	17,615	18,380		
합계	123,178			

6. 증감률 셀은 연속된 범위가 아니라서 합계 수식 자동 채우기를 할 수 없습니다. 이 경우 수식을 복사/붙이기 하면 됩니다.

❶ 계산식을 사용해 합계를 구한 값을 선택하면 합계 좌/우로 『 』가 표시됩니다.

❷ 블록을 지정할 때 빠트릴 수 있으니 합계에 커서를 두고 단축키 Ctrl + Ⓐ를 눌러 선택하고 Ctrl + Ⓒ를 눌러 복사합니다.

❸ 증감률 셀에서 단축키 Ctrl + Ⓥ를 눌러 계산식을 붙이기 합니다. 증감률을 아직 구하지 않았기 때문에 결과는 0이 됩니다.

하면 된다! 〉 셀 주소를 사용해 수식 작성하기

이번에는 올해 구성비를 직접 수식을 작성해 구해 보겠습니다. 구성비를 구하는 수식은 올해 업종수/올해 업종수 합계*100입니다. 수식을 작성하려면 셀 주소를 사용해야 합니다. 표의 첫 열부터 A, B, C열, 첫 행부터 1, 2, 3행이 됩니다. 그럼 업종별이 입력된 첫 번째 셀은 A1 셀이 되고, 올해 한식 업종수가 있는 셀은 C2 셀이 됩니다. 그리고 올해 합계 셀은 C10 셀입니다.

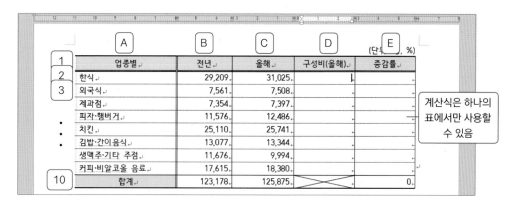

계산식은 하나의 표에서만 사용할 수 있음

1. 그럼 구성비를 구해 보겠습니다. 먼저 구성비(올해) 아래 칸에 커서를 두고 [계산식]을 실행합니다.

❶ 단축키 Ctrl + N, F를 눌러 [계산식]에 =C2/C10*100을 입력하고 ❷ [형식]은 소수점 이하 한 자리를 선택한 후 ❸ [설정]을 누릅니다.

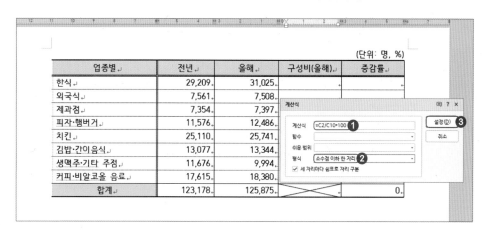

2. 올해 구성비가 구해졌습니다. 나머지 업종의 구성비를 구할 범위를 블록으로 지정하고 단축키 Ⓐ를 눌러 자동 채우기 합니다. 그랬더니 구성비가 모두 같습니다. 이유는 모든 구성비는 =C2/C1*100의 결과이기 때문입니다. 수식을 복사(자동 채우기)할 때 올해 한식 업종수 C2 셀은 각 구성비의 수식에 맞게 주소가 변해야 합니다.

올해	구성비(올해)	증감률
31,025	24.6	
7,508		
7,397		
12,486	Ⓐ	
25,741		
13,344		
9,994		
18,380	●	
125,875	✕	0

(단위: 명, %)

➡

올해	구성비(올해)	증감률
31,025	24.6	
7,508	24.6	
7,397	24.6	
12,486	24.6	
25,741	24.6	
13,344	24.6	
9,994	24.6	
18,380	24.6	
125,875	✕	0

(단위: 명, %)

3. 수식을 수정해 보겠습니다.

❶ 먼저 한식 구성비(올해) 결과만 남기고 나머지 구성비는 지웁니다.

❷ 계산 결과에 커서를 두고 마우스 오른쪽 버튼을 눌러 [계산식 고치기]를 선택하거나 단축키 Ctrl + N, K를 누릅니다.

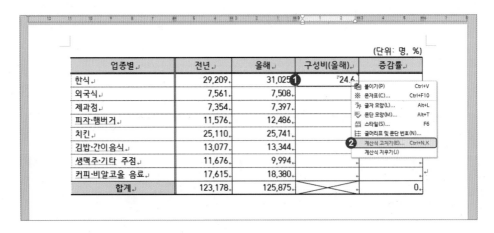

4. [계산식]에서 올해 한식 업종수 C2를 C?로 변경합니다. 수식을 복사(자동 채우기)하면 C2셀은 C3에서 C10 셀로 변해 외국식, 제과점, 피자·햄버거… 셀의 구성비가 구해집니다. 합계 C10은 그대로 둡니다.

합계는 각 업종수와 나누어야 하므로 셀 주소가 변하면 안 됩니다.

5. 나머지 구성비를 구할 셀 범위를 블록으로 지정하고 단축키 A를 눌러 수식을 복사(자동 채우기)합니다. 정상적으로 구성비(올해)가 구해집니다.

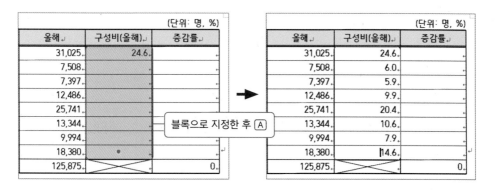

6. 계산식으로 증감률도 구해 보겠습니다.

❶ 한식 증감률을 구할 셀을 선택하고 단축키 Ctrl + N, F를 눌러 [계산식]을 실행해 ❷ [계산식]에 수식 =(C?-B?)/B?*100을 입력하고 ❸ [형식]을 소수점 이하 한 자리로 선택한 다음 ❹ [설정]을 누릅니다. 행 번호는 모두 변해야 하므로 ?로 입력합니다.

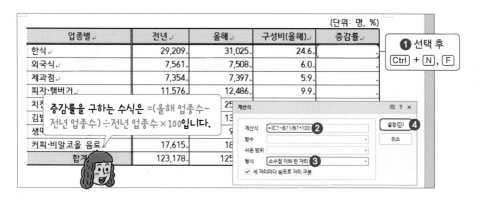

증감률을 구하는 수식은 =(올해 업종수-전년 업종수)÷전년 업종수×100입니다.

7. 외국식에서 커피·비알코올 음료까지의 증감률 셀 범위를 블록으로 지정하고 단축키 A 를 눌러 계산식을 복사(자동 채우기)합니다.

(단위: 명, %)

업종별	전년	올해	구성비(올해)	증감률
한식	29,209.	31,025.	24.6.	6.2.
외국식	7,561.	7,508.	6.0.	-0.7.
제과점	7,354.	7,397.	5.9.	0.6.
피자·햄버거	11,576.	12,486.	9.9.	7.9.
치킨	25,110.	25,741.	20.4.	2.5.
김밥·간이음식	13,077.	13,344.	10.6.	2.0.
생맥주·기타 주점	11,676.	9,994.	7.9.	-14.4.
커피·비알코올 음료	17,615.	18,380.	14.6.	4.3.
합계	123,178.	125,875.	✕	8.436809.

블록으로 지정한 후 A

8. ❶ 증감률 합계에서 계산식 고치기 단축키 Ctrl + N , K 를 누르고 ❷ [형식]을 소수점 이하 한 자리로 선택합니다. 증감률이 소수점 이하 한 자리까지 표시됩니다.

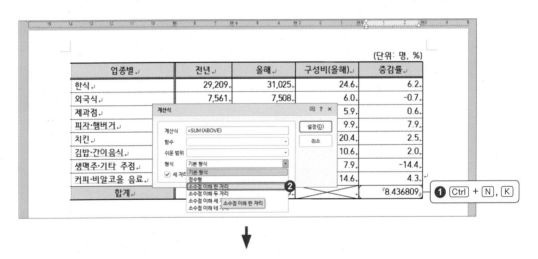

(단위: 명, %)

업종별	전년	올해	구성비(올해)	증감률
한식	29,209.	31,025.	24.6.	6.2.
외국식	7,561.	7,508.	6.0.	-0.7.
제과점	7,354.	7,397.	5.9.	0.6.
피자·햄버거	11,576.	12,486.	9.9.	7.9.
치킨	25,110.	25,741.	20.4.	2.5.
김밥·간이음식	13,077.	13,344.	10.6.	2.0.
생맥주·기타 주점	11,676.	9,994.	7.9.	-14.4.
커피·비알코올 음료	17,615.	18,380.	14.6.	4.3.
합계	123,178.	125,875.	✕	8.4

04

그림 삽입과 배치

"역시 보고서에는 그림과 그래프가 들어가야지! 최 주임님! 그림 삽입 좀 부탁해요~"
갑작스러운 업무 지시에도 당황하지 않는 최 주임. 그림을 삽입하는 방법부터, 본문에 배치하고 바꾸기까지! 그리고 스크린 샷 기능으로 사이트의 그래프를 보고서에 삽입도 완료! 오늘도 짤막한 강좌와 함께 문제 해결!

04-1
그림 삽입하기

• 실습 파일 04-1_실습.hwp • 완성 파일 04-1_완성.hwp

표지에 문서 주제에 맞는 그림을 삽입하고 본문에는 각 문단의 내용이나 수치 자료를 보충 설명하는 근거 자료를 그림으로 삽입하면 문서 내용을 이해하는 데 효과적입니다. 문서 내용에 맞게 그림을 삽입하고 편집하는 다양한 방법을 배워 보겠습니다.

하면 된다! ⟩ 그림 삽입하고 바깥 여백 설정하기

문서 내용을 한눈에 이해할 수 있도록 정리해 놓은 차트를 그림으로 삽입하고 본문에 보기 좋게 배치해 보겠습니다.

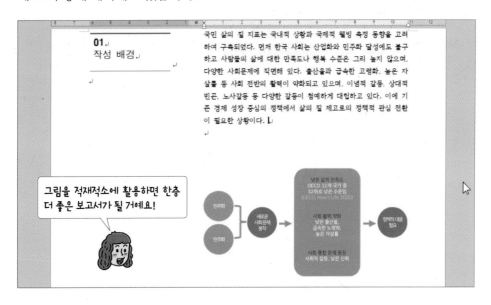

그림을 적재적소에 활용하면 한층 더 좋은 보고서가 될 거예요!

1. ❶ 그림을 삽입할 위치에 커서를 두고 ❷ [입력] → [그림]을 선택하거나 단축키
Ctrl + N, I를 누릅니다.

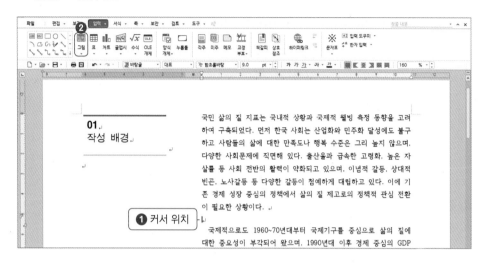

2. ❶ 차트1.png 파일을 선택한 후 ❷ 기본 옵션인 문서에 포함에만 체크 표시된 상
태에서 ❸ [열기]를 누릅니다.

3. ❶ 오른쪽 단 너비에 맞는 크기로 그림이 삽입되면 그림을 더블클릭하거나 그림을
선택한 후 단축키 P를 눌러 [개체 속성]을 실행합니다.

❷ [기본] 탭에서 [본문과의 배치]를 자리 차지로 선택합니다.

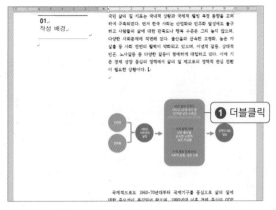
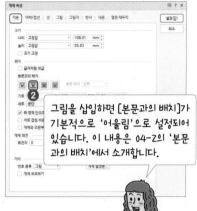

① 더블클릭

그림을 삽입하면 [본문과의 배치]가 기본적으로 '어울림'으로 설정되어 있습니다. 이 내용은 04-2의 '본문과의 배치'에서 소개합니다.

4. ① [여백/캡션] 탭에서 [바깥 여백]의 위쪽과 아래쪽을 20mm로 입력한 후 ② [설정]을 누릅니다. 그림 위쪽/아래쪽에 설정한 여백으로 본문과의 간격을 조절할 수 있습니다.

하면 된다! ﹜ 그림 크기 변경하기와 그림 자르기

그림을 삽입한 후 편집할 문서에 맞게 크기를 변경하고 그림 일부를 잘라내어 멋진 배경 그림으로 배치하는 방법을 배워 보겠습니다.

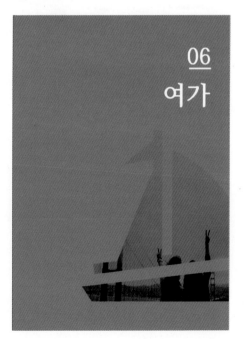

이런 그림이 들어가면 표지를 꾸미는 데 도움이 될 거예요!

그림 크기 변경하기

1. 두 번째 쪽에서 [입력] → [그림]을 선택하거나 단축키 `Ctrl` + `N`, `I`를 누릅니다.

  ❶ 삽입할 그림 파일 배경1.png를 선택합니다.

  ❷ 마우스로 크기 지정에 체크 표시한 후 ❸ [열기]를 누릅니다.

2. 마우스로 드래그해 제목 아래에 적당한 크기로 그림을 삽입합니다.

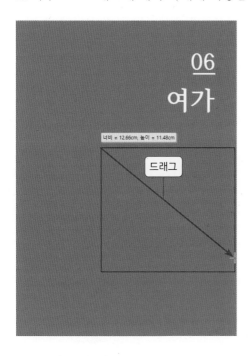

3. 그림 크기가 작게 삽입되었거나 또는 크게 삽입되었다면 크기를 변경하면 됩니다. 그림을 선택하면 그림 가장자리에 크기 조절점이 생깁니다. 이때 주의해야 할 점은 한쪽 방향에서만 크기를 변경하면 그림의 비율이 맞지 않거나 눌려진 모양이 된다는 것입니다. 따라서 그림 크기를 변경할 때에는 모서리에 있는 크기 조절점으로 크기를 변경해야 합니다.

크기 조절점

마우스 커서를 양방향 화살표 모양이 되도록 맞추고 드래그

그림 자르기

4. ❶ 그림을 선택한 후 [그림] → [자르기]를 선택합니다.

❷ 그림 가장자리에 크기 조절점이 자르기 조절점으로 변경되면 자르기 조절점을 마우스로 드래그하여 자른 후 그림을 오른쪽 끝으로 배치합니다.

그림을 자를 때 Shift 를 누르면 더 쉽습니다. 그림을 선택한 후 Shift 를 누르고 크기 조절점에 마우스 커서를 가져다 대면 마우스 커서 모양이 자르기 조절점 모양으로 변경되는데, Shift 를 누른 상태에서 왼쪽으로 드래그하면 그림 오른쪽이 잘립니다. 다시 오른쪽으로 드래그하면 잘린 그림이 복원됩니다.

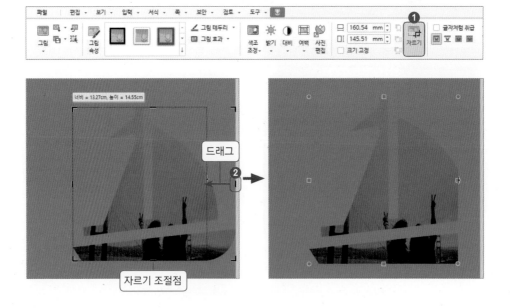

드래그

자르기 조절점

질문 있어요! 그림이 쪽을 벗어나지 않는 경우 어떻게 해야 하나요?

그림을 종이 오른쪽 끝에 배치하려고 하는데 쪽을 벗어나지 않는다면, 그림을 더블클릭해 [개체 속성]을 실행한 후 [기본] 탭에서 [본문과의 배치]는 자리 차지, [가로]는 종이의 오른쪽으로 선택하고 [설정]을 누르면 됩니다.

원래 그림으로

그림의 크기를 조절했거나 그림 스타일 적용, 효과 적용 또는 그림 일부를 자르기 한 경우 빠르게 원본 그림으로 되돌릴 수 있습니다.

앞서 문서에 배경1.png 파일을 직접 드래그해 적당한 크기로 삽입하고 오른쪽 일부 그림을 잘라 배치했습니다. 이 그림을 원본 모양 그대로 되돌리는 방법은 간단합니다. 그림을 클릭한 후 [원래 그림으로 🖼]를 선택하면 자르기 전의 원본 그림으로 빠르게 변경됩니다.

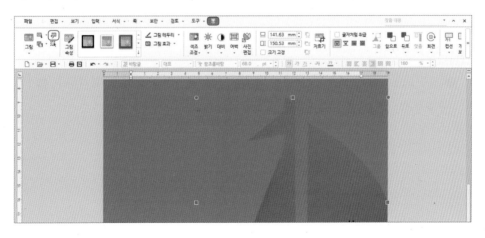

앞 개체 속성 적용

같은 속성이 적용된 여러 장의 그림을 삽입하려면, 먼저 그림 한 장을 삽입한 후 효과를 적용하고 나머지 그림은 '앞 개체 속성 적용'을 사용해 삽입하면 됩니다. 이렇게 하면 쉽고 빠르게 작업할 수 있습니다.

하면 된다! } 여러 장의 그림을 한번에 테두리와 여백 적용해 삽입하기

캡처한 파워포인트 슬라이드를 한 쪽에 2장씩 삽입해 유인물을 만들려고 합니다. 그림의 바깥쪽 아래 여백을 20mm로 적용해 아래 그림과의 간격을 조금 넓게 설정하고 가장자리에 테두리를 적용해 17개 슬라이드를 빠르게 삽입해 보겠습니다.

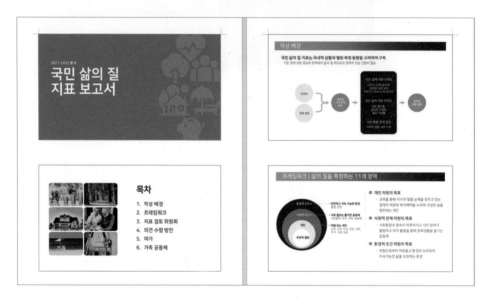

1. [입력] → [그림]을 선택하거나 단축키 Ctrl + N, I를 눌러 [그림 넣기]를 실행합니다.

❶ 슬라이드0.JPG 파일을 선택한 후 ❷ 글자처럼 취급에 체크 표시하고 ❸ [열기]를 누릅니다.

2. 삽입한 그림을 선택한 후 단축키 [P]를 눌러 [개체 속성]을 실행합니다.

❶ [여백/캡션] 탭을 눌러 ❷ [바깥 여백]의 [아래쪽]을 20mm로 입력한 후 ❸ [설정]을 누릅니다.

3. ❶ 그림을 클릭한 상태에서 [그림 테두리 ▼]를 선택해 ❷ 하양(RGB: 255, 255, 255) 50% 어둡게를 적용합니다.

4. 두 번째 그림도 같은 설정으로 삽입하려고 합니다. 그런데 두 번째 그림을 삽입하면 다시 아래 바깥쪽 여백을 적용하고 테두리를 적용해야 합니다. '앞 개체 속성 적용'을 사용해 첫 번째 그림과 같은 효과를 적용해 보겠습니다.

❶ [그림 넣기]를 실행한 후 슬라이드1.JPG 파일을 선택하고 (Shift)를 누른 상태에서 슬라이드17.JPG를 선택해 한 번에 17개의 그림 파일을 선택합니다.

❷ 앞 개체 속성 적용에 체크 표시하고 ❸ [열기]를 누릅니다. 여러 장의 그림이 같은 모양으로 빠르게 삽입됩니다.

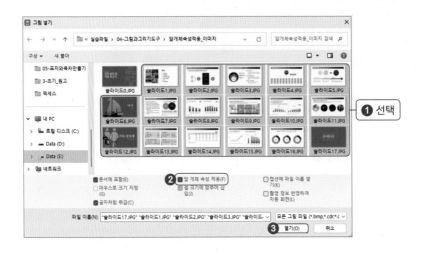

04-2
본문과의 배치

• 실습 파일 04-2_실습.hwp   • 완성 파일 04-2_완성_1~2.hwp

그림과 본문을 어떤 방식으로 배치할 것인지를 정하는 방법을 알아보겠습니다. 그림 크기와 편집 모양에 따라 본문과의 배치를 '어울림', '자리 차지', '글 앞으로', '글 뒤로' 방식으로 설정할 수 있습니다. 예시를 보며 어떤 방식으로 배치해야 할지 배워 보겠습니다. [본문과의 배치]는 그림을 선택하면 나타나는 상단의 [그림] 메뉴에서 누르거나, 그림을 선택하고 단축키 P를 눌러 [개체 속성] 창에서 확인할 수 있습니다.

어울림 ▣

그림을 삽입하면 기본 배치 방식은 어울림입니다. 그림과 본문이 겹치지 않고 어울려 표시되며, 그림을 왼쪽, 오른쪽, 가운데에 배치하면 본문은 그림의 오른쪽, 왼쪽, 좌우에 배치됩니다. 그림 크기가 쪽의 폭 1/2 이하면 본문과의 배치를 '어울림'으로 설정하면 문서를 보기 좋게 편집할 수 있습니다.

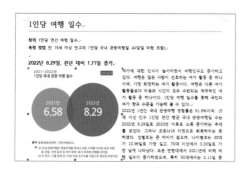

질문 있어요! 그림을 쪽 안에 배치되도록 제한하려면 어떻게 해야 하나요?

다음 예시와 같이 그림이 여백에 놓이는 경우가 있습니다. 본문을 왼쪽에 나타내고 그림이 쪽을 벗어나지 않게 쪽 안으로 배치해 보겠습니다. 그림을 더블클릭해 [개체 속성]을 실행한 후 [기본] 탭에서 [가로]를 쪽의 오른쪽으로 선택해서 배치하면 됩니다.

자리 차지

다음 예시의 그림은 [본문과의 배치]가 어울림입니다. 그림 크기가 크고 본문이 차지하는 공간이 좁아 문서가 짜임새 없이 보입니다.

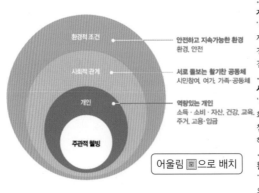

그림 크기가 큰 경우 [본문과의 배치]를 자리 차지로 설정하면 문서를 보기 좋게 편집할 수 있습니다.

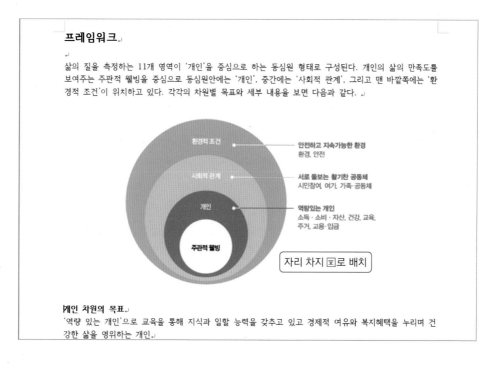

그림을 눈대중이 아닌 정확하게 가로 가운데로 배치하려면 그림을 더블클릭해 [개체 속성]을 실행한 후 [기본] 탭에서 [가로] 쪽의 가운데로 선택합니다. 그림이 삽입된 공간에서 그림은 가운데, 본문은 그림 위/아래에 배치됩니다.

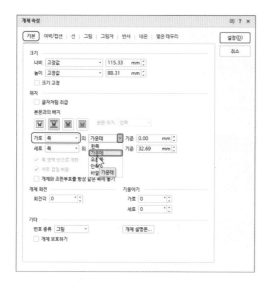

글 앞으로 🔲

그림과 본문을 겹쳐 나타낼 때 글 앞으로를 선택하면 글 위로 그림이 배치됩니다. 다음 예시와 같이 도장 또는 직인을 확인 글자 위에 찍은 것과 같은 효과를 낼 수 있습니다. 단, 도장 이미지는 배경이 투명해야 합니다.

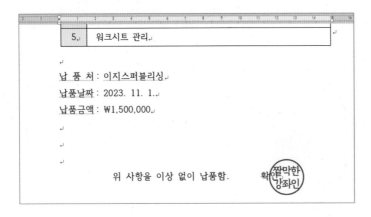

하면 된다! ⟩ 납품 확인서에 도장 그림 삽입하기

1. 이번 실습은 3쪽에서 진행합니다. 본문에서 원하는 위치에 커서를 두고 [입력] → [그림]을 선택하거나 단축키 Ctrl + N, I 를 눌러 [그림 넣기]를 실행합니다. ❶ 도장.png 파일을 선택한 후 ❷ 마우스로 크기 지정에 체크 표시하고 ❸ [열기]를 누릅니다.

마우스로 크기 지정에 체크 표시하면 그림을 열었을 때 문서에 바로 삽입되지 않습니다. 삽입할 위치에서 마우스로 드래그해 그림 크기를 지정하여 삽입할 수 있습니다.

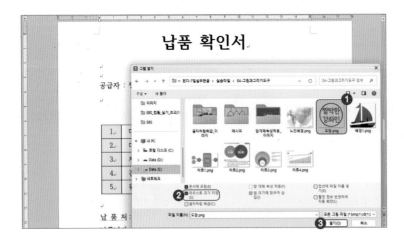

2. 확인 글자 위에 적당한 크기로 드래그해 도장 그림을 삽입합니다. 그림이 '확인' 글자 위에 삽입되지 않고 '확인' 오른쪽에 배치되었습니다. 그림을 삽입하면 [본문과의 배치]는 '어울림'이 기본값이기 때문입니다.

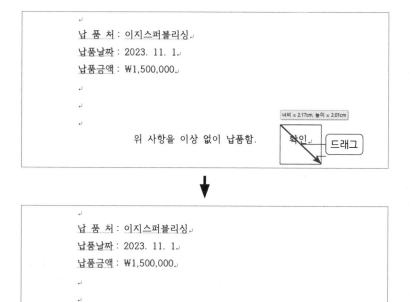

3. 도장 그림을 더블클릭해 [개체 속성]을 실행한 후 [본문과의 배치]를 글 앞으로로 선택하거나 단축키 [Shift] + [Home] 을 누릅니다. 그런 다음 '확인' 글자 위에 도장 그림을 배치합니다.

질문 있어요! 도장을 그림 파일로 만드는 방법을 알고 싶어요!

실습에서는 도장 그림을 제공했지만, 파워포인트와 포토샵을 사용하면 여러분만의 도장을 그림 파일로 만들 수 있습니다. 도장을 그림 파일로 만드는 방법은 아래 링크를 통해 블로그 글을 확인하거나 오른쪽 QR코드를 스캔해 동영상 강의를 참고하세요.

• https://2hanit.tistory.com/267

함께 보면 좋은
동영상 **강의**

글 뒤로

그림과 본문을 겹쳐 나타낼 때 글 뒤로 그림을 배치해 글의 배경으로 사용할 수 있습니다. 본문 뒤에 배경으로 노인 그림을 삽입해 보겠습니다.

하면 된다! ⟩ 문서의 배경으로 그림 배치하기

1. 이번 실습은 4쪽에서 진행합니다. 본문에서 원하는 위치에 커서를 두고 [입력]
→ [그림]을 선택하거나 단축키 Ctrl + N, I 를 눌러 [그림 넣기]를 실행합니다.
❶ 노인배경.png 파일을 선택한 후 ❷ 마우스로 크기 지정에 체크 표시하고 ❸
[열기]를 누릅니다.

2. 문서의 오른쪽과 아래쪽 여백이 포함되도록 마우스로 드래그해 그림을 삽입합
니다.

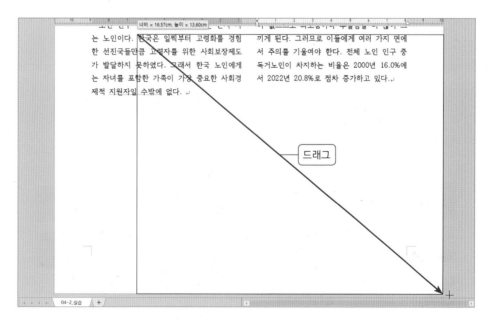

3. 그림이 본문을 가리고 있어 단축키 `Shift` + `End` 를 눌러 [본문과의 배치]를 글 뒤로로 변경해 쪽의 배경으로 배치합니다.

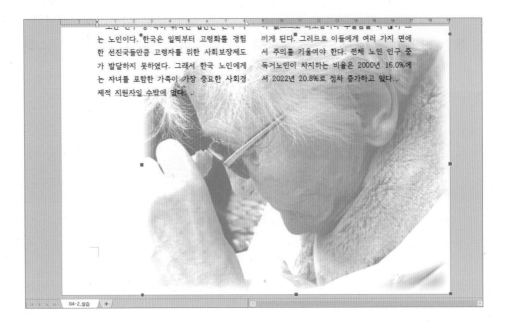

글자처럼 취급

그림에 [글자처럼 취급] 속성을 적용하면 그림 개체를 글자와 같게 취급해 글을 입력하거나 지우는 대로 그림 개체의 위치가 같이 변합니다.

왼쪽 예시와 같이 크기가 같은 그림 9장과 지역명을 바둑판 모양으로 배열하고 입력하려고 합니다. 이 경우 6줄 3칸 표를 삽입한 후 테두리가 보이지 않도록 설정하고 그림을 삽입하면 원하는 결과를 얻을 수 있습니다. 하지만 그림의 배치 방법에 따라 오른쪽 예시처럼 셀에 그림이 제대로 삽입되지 않을 수 있습니다. 이런 문제를 해결하려면 그림에 [글자처럼 취급] 속성을 적용해서 삽입하면 됩니다.

 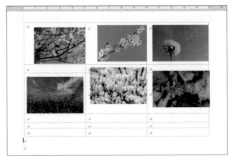

하면 된다! ⟩ 여러 장의 그림을 바둑판으로 배열하기

[글자처럼 취급] 속성을 사용해 문서에 여러 장의 그림을 바둑판 모양의 배열로 삽입하는 방법을 배워 보겠습니다.

1. 이번 실습은 [새 문서]에서 진행합니다. [입력] → [표]를 선택하거나 단축키 Ctrl + N, T를 눌러 [표 만들기]를 실행합니다.

❶ [줄 개수] 6, [칸 개수] 3을 입력하고 ❷ 글자처럼 취급에 체크 표시한 후 ❸ [만들기]를 누릅니다.

2. ❶ F5를 세 번 누르거나 마우스를 드래그해 표 내부를 블록으로 지정하고 ❷ [테두리 종류] → 없음, ❸ [테두리 ▼] → 모든 테두리를 선택해 표에 테두리가 보이지 않도록 설정합니다. 테두리를 없앴지만 빨간 점선이 표시되는데 이 선을 '투명 선'이라고 합니다.

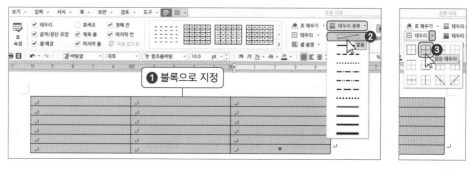

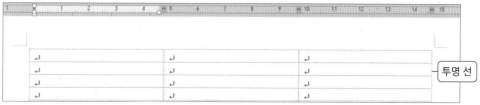

3. 투명 선은 표를 선택하고 있으면 보이지만 표를 선택하고 있지 않으면 보이지 않습니다. 투명 선이 없으면 작업이 불편하므로 [보기] → 투명 선에 체크 표시하면 표를 선택하고 있지 않더라도 투명 선을 나타낼 수 있습니다.

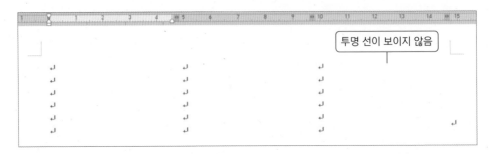

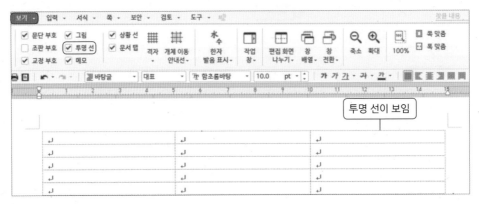

4. 첫 번째 셀부터 그림을 하나씩 삽입해 보겠습니다. [입력] → [그림]을 선택하거나 단축키 Ctrl + N, T를 눌러 [그림 넣기]를 실행합니다.

❶ 이미지1.jpg 파일을 선택한 후 ❷ 글자처럼 취급에 체크 표시하고 ❸ [열기]를 누릅니다. 삽입한 그림의 세로 높이에 맞춰 행 높이가 자동으로 늘어납니다.

앞선 실습에서 체크 표시했던 '앞 개체 속성 적용'과 '셀 크기에 맞추어 삽입'의 체크 표시를 해제하세요.

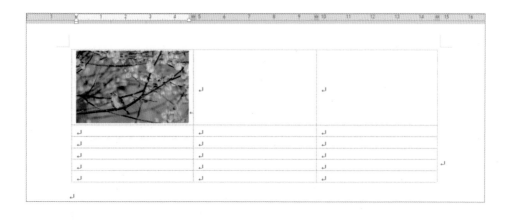

5. 나머지 그림도 같은 방법으로 삽입합니다. 삽입할 그림의 아래 칸에 지역명을 써야 하므로 한 칸 띄우고 그림을 삽입합니다.

6. ❶ 두 번째 줄을 선택하고 Ctrl 을 눌러 네 번째, 여섯 번째 줄을 블록으로 지정한 후 ❷ Ctrl + ↓ 를 두 번 눌러 줄 높이를 늘립니다.
❸ 지역명을 입력합니다.

> 표에서 연속하지 않는 줄 또는 칸, 셀을 선택할 때에는 Ctrl 을 누르면 됩니다.

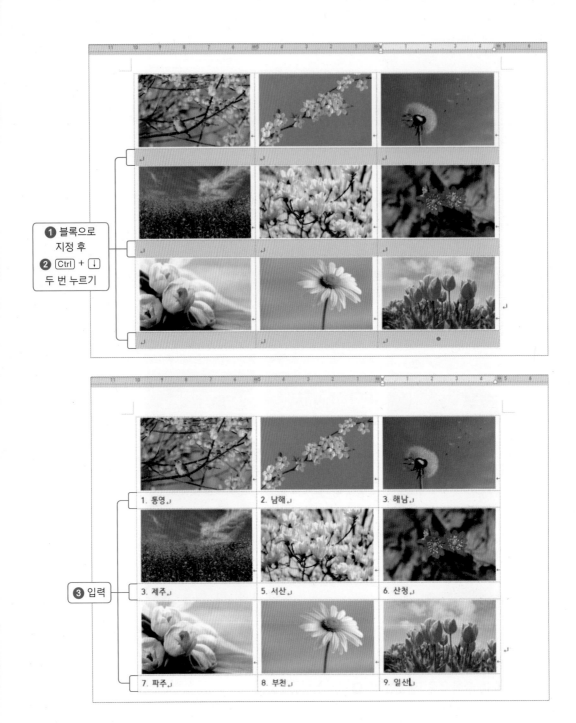

① 블록으로
지정 후
② Ctrl + ↓
두 번 누르기

③ 입력

1. 통영
2. 남해
3. 해남
3. 제주
5. 서산
6. 산청
7. 파주
8. 부천
9. 일산

하면 된다! } 여백 없이 그림 삽입하기

완성된 결과를 보면 그림과 그림 사이에 여백이 생겼는데, 표에는 셀마다 기본 안 여백이 적용되어 있어 그렇습니다. 여백 없이 그림을 삽입하려면 그림을 삽입하기 전에 미리 안 여백을 없애야 합니다. 이미 그림이 삽입된 상태에서는 여백을 없애더라도 그림 크기가 변하지 않기 때문에 그림을 넣기 전에 여백을 없애야 합니다.

1. 3줄×3칸의 '글자처럼 취급'으로 설정한 표를 삽입하고 표 내부를 블록으로 지정한 후 마우스 오른쪽 버튼을 눌러 [표/셀 속성]을 선택하거나 단축키 P를 눌러 [표/셀 속성]을 실행합니다.

❶ [셀] 탭에서 안 여백 지정에 체크 표시하고 ❷ [왼쪽], [오른쪽], [위쪽], [아래쪽] 여백을 0mm로 입력한 후 ❸ [설정]을 누릅니다.

2. 각 셀에 여백 없이 그림이 삽입됩니다.

04-3
그림 바꾸기와 정렬하기

· 실습 파일 04-3_실습.hwp　　· 완성 파일 04-3_완성.hwp

레시피에 어울리는 음식 그림을 다음 예시와 같이 삽입하려고 합니다. 이 예시를 통해 그림 5개를 한 줄에 나란히 배치하고 그림과 그림 사이의 간격을 일정하게 맞추는 효율적인 방법을 배워 보겠습니다.

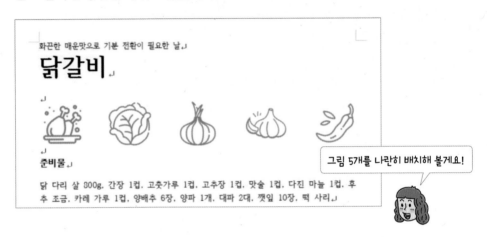

그림 5개를 나란히 배치해 볼게요!

하면 된다! } 그림 바꾸기

1. [입력] → [그림]을 선택하거나 단축키 Ctrl + N, I 를 눌러 ❶ chicken-leg.png 파일을 선택한 후 ❷ 마우스로 크기 지정에 체크 표시하고 ❸ [열기]를 누릅니다.

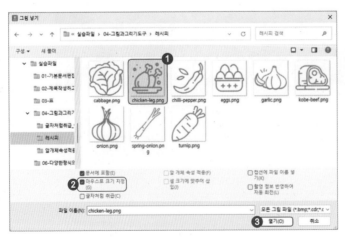

'글자처럼 취급'에 체크 표시되어 있다면 '마우스로 크기 지정'에 체크 표시할 수 없습니다.

2. 적당한 크기가 되도록 드래그해서 그림을 삽입합니다.

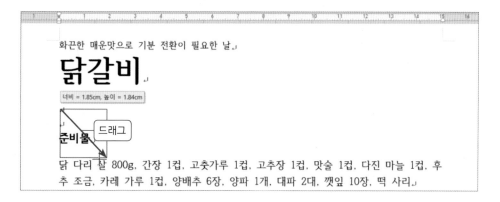

3. ❶ 삽입한 그림을 선택한 상태에서 마우스 오른쪽 버튼을 눌러 [개체 속성]을 선택하거나 단축키 [P]를 누릅니다.

❷ 그림 주변에 본문이 배치되지 않도록 [본문과의 배치]를 자리 차지로 선택한 후 ❸ [가로], [세로]를 쪽으로 선택하고 ❹ [가로]의 [기준]을 0.00mm로 입력해 그림이 쪽의 가로 맨 왼쪽에 위치하도록 지정하고 ❺ [설정]을 누릅니다.

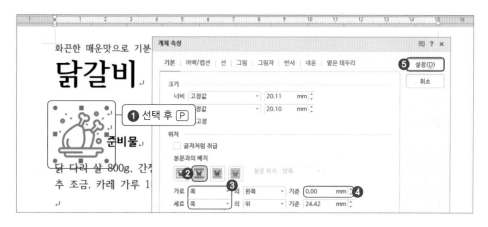

4. 삽입한 그림 오른쪽으로 그림 4개를 더 삽입하려고 합니다. 이때 앞서 사용한 방법으로 다시 그림을 삽입하면 그림 크기를 같게 맞추는 작업을 해줘야 합니다. 여기서는 이미 삽입한 그림을 4개 복사한 다음 [바꾸기] 기능을 사용해 보겠습니다. [Ctrl] 을 누른 상태에서 오른쪽으로 드래그해 그림을 복사합니다.

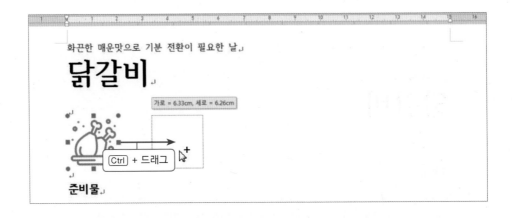

5. 같은 방법으로 전체 이미지가 5개가 되도록 복사합니다.

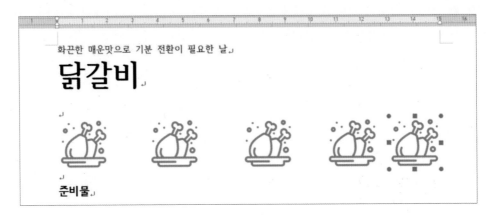

6. ❶ 두 번째 그림을 선택한 상태에서 ❷ [그림] → [바꾸기/저장] → [그림 바꾸기]를 선택합니다.

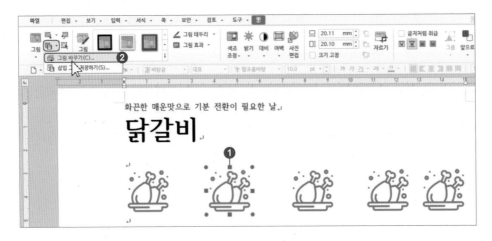

7. ❶ 바꾸려는 cabbage.png 그림을 선택하고 ❷ [열기]를 누릅니다. 크기는 그대로 유지한 상태에서 그림만 변경됩니다.

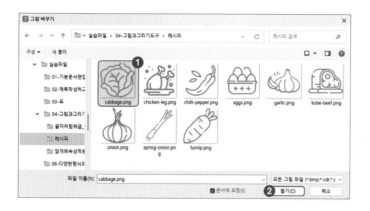

8. 같은 방법으로 onion.png, garlic.png, chilli-pepper.png 순으로 그림을 변경합니다. [그림 바꾸기] 기능을 이용하면 크기뿐만 아니라 그림 테두리, 효과, 색조 변경 등이 적용된 경우에도 효과를 그대로 유지하면서 그림만 변경할 수 있어 아주 편리합니다.

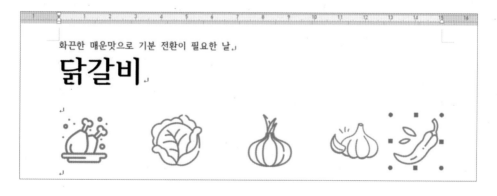

하면 된다! } 그림 크기 일괄 변경하기

1. 삽입한 그림 크기가 제각각일 때 크기를 같게 변경해 보겠습니다.

❶ 그림 하나를 원하는 크기로 변경합니다.

❷ 그림을 선택하고 그림의 [너비]와 [높이] 수치를 확인합니다.

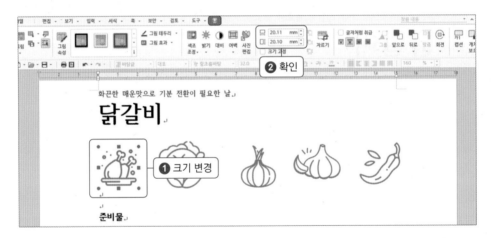

2. Shift 를 누른 상태에서 여러 개의 그림을 선택할 수 있지만, 선택할 그림 개수가 많으면 범위를 지정해 선택하는 방법이 쉽습니다.

❶ 그림 하나를 선택하고 ❷ [그림] → [개체 선택]을 선택합니다.

❸ 선택할 그림 주변을 드래그합니다. 한 번에 그림이 선택됩니다.

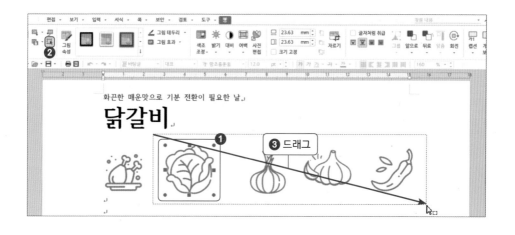

3. 그림이 모두 선택되면 첫 번째 그림과 같이 [너비]는 20.11mm, [높이]는 20.10mm
로 입력하고 Enter 를 누릅니다. 그림 크기가 모두 같아집니다.

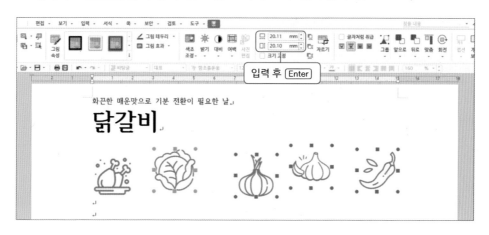

하면 된다! 〉 그림 맞추기

그림을 여러 개 삽입할 때 수평으로 나란하게 배치하고 그림 사이의 간격이 일정해
야 보기가 좋습니다. 그림을 배치할 때 눈대중이 아닌 [맞춤] 기능을 사용하면 정확
하게 배치할 수 있습니다.

1. ❶ 그림을 하나 선택한 후 ❷ [그림] → [개체 선택]을 선택하고 ❸ 범위를 지정해
모두 선택합니다.

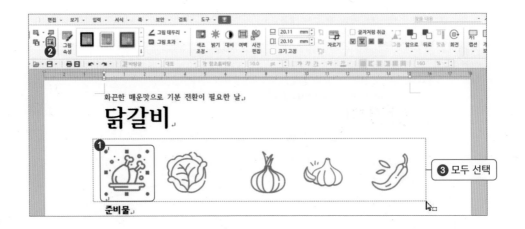

2. [그림] → [맞춤] → [아래쪽 맞춤]을 선택합니다. 현재 그림 크기가 모두 같아 [위쪽 맞춤], [중간 맞춤], [아래쪽 맞춤] 중 어떤 것을 선택해도 결과는 같습니다.

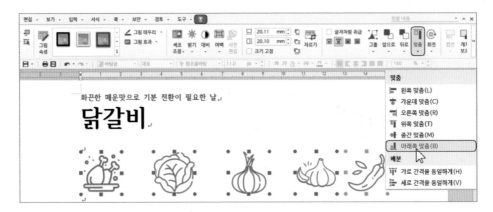

3. 이번에는 [그림] → [맞춤] → [가로 간격을 동일하게]를 선택해 그림 사이의 간격을 일정하게 맞춥니다. 간격은 맨 왼쪽 그림과 오른쪽 그림을 기준으로 맞춰 줍니다.

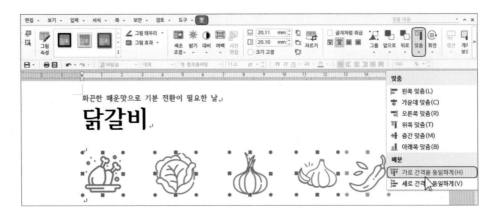

화끈한 매운맛으로 기분 전환이 필요한 날

닭갈비

준비물

닭 다리 살 800g, 간장 1컵, 고춧가루 1컵, 고추장 1컵, 맛술 1컵, 다진 마늘 1컵, 후추 조금, 카레 가루 1컵, 양배추 6장, 양파 1개, 대파 2대, 깻잎 10장, 떡 사리.

양념장

고춧가루, 고추장, 설탕, 맛술 1:1 비율, 후춧가루, 카레 가루, 참기름 넣고 섞는다.

04-4
스크린 샷

• 실습 파일 04-4_실습.hwp   • 완성 파일 04-4_완성.hwp

스크린 샷은 화면에 열려 있는 창의 전체 또는 일부 영역을 지정하여 캡처한 후 문서에 그림으로 삽입하는 기능입니다. 인터넷으로 검색한 내용 일부나 현재 작업 중인 화면을 캡처해 문서에서 참조할 수 있도록 그림으로 삽입할 때 스크린 샷을 사용하면 편리합니다.

하면 된다! ┤ 통계 사이트에서 그래프를 캡처해 문서에 삽입하기

통계청 홈페이지에서 미세먼지 농도 그래프를 캡처해 현재 작성 중인 문서에 삽입해 보겠습니다. 캡처하기 전에 먼저 그래프가 있는 사이트에 접속합니다. 접속할 사이트는 04-4_실습.hwp 문서의 참고 사이트 URL을 클릭하면 됩니다.

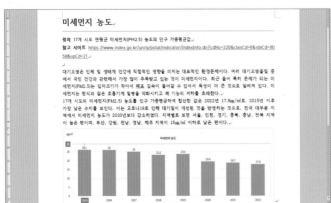

실습 파일에 포함된 URL은 사이트 사정에 따라 바뀔 수 있습니다.

1. ❶ 그래프를 삽입할 위치에 커서를 두고 ❷ [입력] → [그림 ⏷] → [스크린 샷] → [글자처럼 취급]에 체크 표시합니다. [글자처럼 취급]에 체크 표시하면 커서 위치에 정확하게 삽입됩니다.

❸ [화면 캡처]를 선택하면 이미 접속해 놓은 통계 사이트가 표시됩니다.

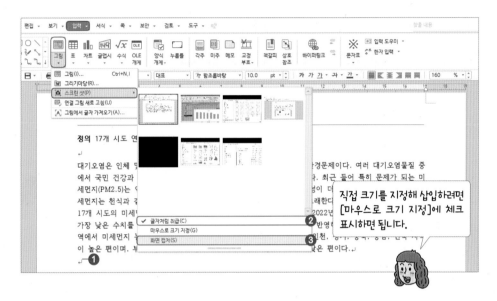

2. 캡처할 그래프를 드래그해 선택합니다. 작성 중인 문서의 커서 위치에 캡처한 그래프가 삽입됩니다.

05

다양한 형식의 문서 작성법

최 주임의 이야기

누름틀 기능은 유용하게 사용할 수 있겠다!

강좌 카드…
과정명: 집합 또는…
과목명: 표준경영명

새로운 기능을 배울 때마다 기쁨이 쌓이는
최 주임. 오늘은 표나 셀 안에 도움이 되는
설명을 넣어 정확한 정보를 입력하게 만드
는 누름틀 기능을 배웠다!
'누름틀 기능은 유용하게 사용할 수 있겠다!'

05-1
수식 작성하기

• 실습 파일 05-1_실습.hwp   • 완성 파일 05-1_완성.hwp

계산식을 설명하는 보고서를 작성하거나 수학 시험 문제지를 작성해야 하는 경우 수식 편집기를 사용하면 수식을 쉽고 보기 좋게 입력할 수 있습니다. 수식을 편집할 때 편의성이 강화된 비주얼 에디팅 수식 입력 방식과 스크립트 수식 입력 방식을 사용할 수 있습니다. 수식용 명령어를 이용하면 빠르게 수식을 작성할 수 있지만 명령어를 기억해야 하는 부담이 있어 [수식 편집] 창에서 수식 도구 상자를 이용하는 방법을 소개하겠습니다.

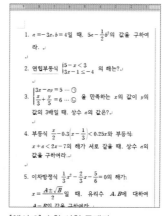

[예시 1] 계산식을 설명하는 보고서

[예시 2] 수학 시험 문제지

하면 된다! } 수식 편집기로 수식 작성하기

[예시 2]의 수학 문제를 입력해 보면서 수식 편집기 사용법을 배워 보겠습니다. 05-1_실습.hwp 파일을 열어 왼쪽 단의 예시를 보면서 오른쪽 단에 직접 수식을 작성해 보겠습니다.

1. ❶ 오른쪽 단의 1. 오른쪽에 커서를 두고 ❷ [입력] → [수식]을 선택하거나 단축키 Ctrl + N, M을 누릅니다.

2. [수식 편집기]가 실행되면 ❶ [수식 편집] 창에 a=−3x, b=4를 입력합니다. [수식 편집기]에서 [수식 편집] 창에 영문을 입력하면 기본적으로 글꼴이 이탤릭체로 표시됩니다. 방금 입력한 수식은 키보드로 입력할 수 있어 수식 도구를 사용할 필요 없이 바로 입력하면 됩니다. ❷ [수식 편집기]를 닫으려면 수식 도구 상자에서 [넣기]를 누르거나 단축키 ⏎Shift + ⏎Esc 를 누릅니다.

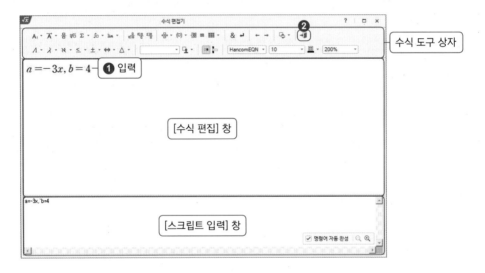

3. 수식이 입력되면 일 때,를 입력합니다. 수식이 아닌 내용도 [수식 편집기]에서 입력해도 되지만 [수식 편집기]에서 입력한 글꼴과 본문 편집 창에서 입력한 글꼴이 달라 수식과 본문 내용은 구분해서 입력하는 것이 좋습니다.

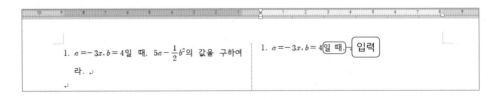

4. 다시 `Ctrl` + `N`, `M`을 눌러 [수식 편집기]를 실행합니다.

❶ 5a-를 입력한 후 ❷ [분수]를 선택합니다.

❸ 분자에 1을 입력하고 `→` 또는 `Tab`을 눌러 커서가 분모 위치로 이동하면 2를
입력한 후 다시 `→`를 눌러 b를 입력합니다.

❹ [첨자]를 눌러 첫 번째 첨자를 선택합니다.

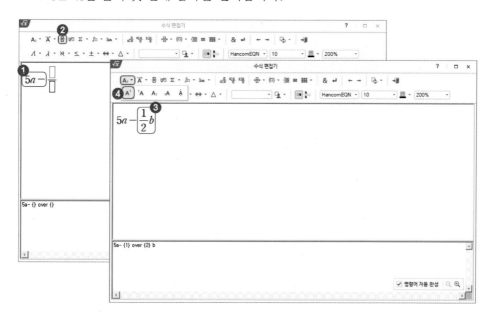

5. ❶ 2를 입력하고 ❷ [넣기]를 누르거나 단축키 `Shift` + `Esc`를 누릅니다.

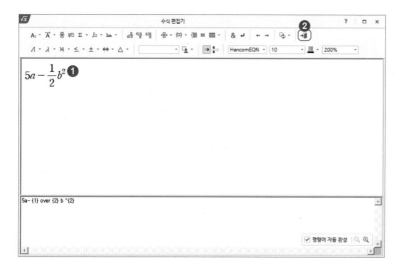

6. 예제와 같이 본문을 입력한 후 다시 Ctrl + N, M을 눌러 [수식 편집기]를 실행합니다. 이번에는 수식 도구 상자에서 [경우]를 선택합니다.

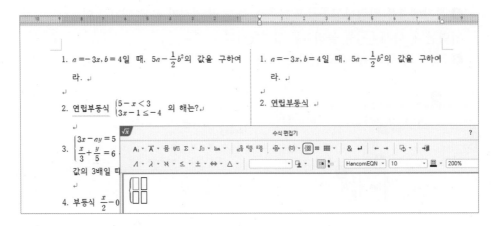

7. 5-x<3을 입력합니다. 이때 < 기호는 수식 도구 상자의 [합, 집합 기호]에서 선택할 수 있지만, 키보드로도 입력할 수 있어 직접 입력하는 것이 편합니다.

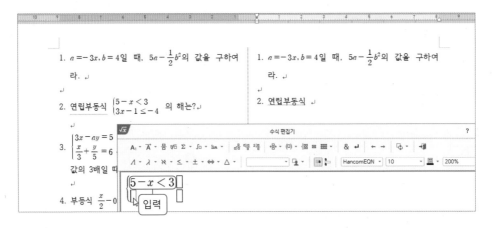

8. 오른쪽 입력 창은 무시하고 아래쪽 입력 창에서 ❶ 3x−1을 입력합니다. 그리고 ≤ 기호는 키보드로 입력할 수 없어 ❷ [합, 집합 기호] → ≤를 선택해 입력합니다.

9. $\begin{cases} 5-x < 3 \\ 3x-1 \le -4 \end{cases}$ 수식을 완성하고 [Shift] + [Esc]를 누릅니다.

10. 문제지의 3번 문제와 같이 [수식 편집기]에서 … 기호를 입력하려면 단축키 [Ctrl] + [F10]을 눌러 [문자표]를 실행한 후 [사용자 문자표] → 기호1 영역에서 입력하면 됩니다. … 기호와 ㉠를 순서대로 선택해 한 번에 입력하려면 먼저 … 기호를 더블클릭합니다.

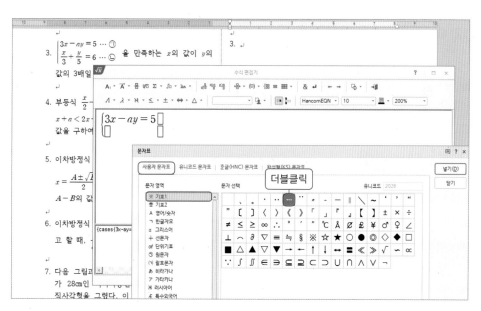

11. 이번에는 ❶ [사용자 문자표] → 원문자 영역에서 ❷ ㉠을 더블클릭하고 ❸ [넣기]를 누릅니다. … ㉠ 기호가 순서대로 입력됩니다.

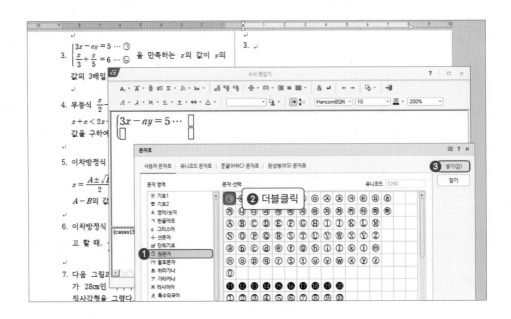

12. ❶ →를 누르고 수식 도구 상자에서 [분수]를 선택해 수식을 입력한 후 ❷ ⋯ ㉡를 입력하고 Shift + Esc 를 누릅니다.

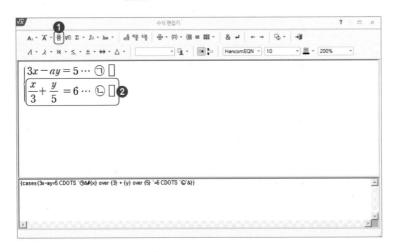

예시의 나머지 내용을 직접 입력해 보면서 수식 도구 상자에 익숙해지도록 연습합니다. 원하는 결과대로 수식이 입력되지 않으면 QR코드를 통해 동영상 강의를 참고하세요.

함께 보면 좋은
동영상 강의

05-2
다단 문서

• 실습 파일 05-2_실습_1~2.hwp   • 완성 파일 05-2_완성_2.hwp

다단 문서 만들기

신문이나 회보, 찾아보기와 같은 문서를 읽기 쉽도록 만들 때 한 쪽을 여러 개의 단으로 나누어 작성할 수 있습니다. 다단을 사용하면 문서가 정돈되어 보이는 효과가 있고, 보다 많은 내용을 한눈에 확인할 수 있습니다. 다음 예시와 같이 다단 문서를 작성하면서 기능을 배워 보겠습니다.

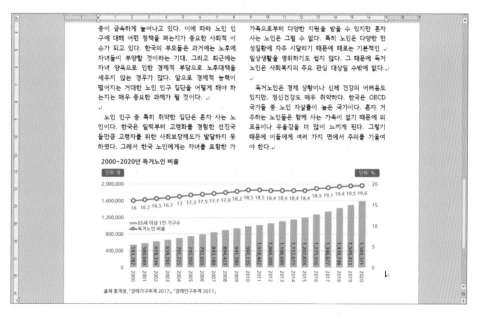

하면 된다! > 다단 설정과 단 나누기

1. 새 문서를 열고 단축키 F7 을 눌러 [편집 용지]를 실행한 후 [용지 여백]을 위쪽/아래쪽 10mm, 왼쪽/오른쪽 20mm, 머리말/꼬리말 10mm로 설정합니다.

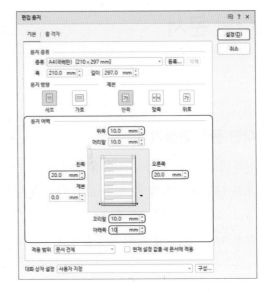

2. [쪽] → [단 ▼] → [다단 설정]을 선택합니다.

3. ❶ [자주 쓰이는 모양]에서 왼쪽을 선택합니다.

❷ [너비 및 간격]에서 1번 단의 너비를 50mm로 변경합니다. 그럼 자동으로 2번 단의 너비도 변경됩니다.

❸ [설정]을 누릅니다.

4. ❶ 첫 번째 단 위치에 01 작성 배경을 입력합니다.

❷ [쪽] → [단 나누기]를 선택하거나 단축키 Ctrl + Shift + Enter 를 누릅니다. 커서가 오른쪽 단으로 이동했습니다.

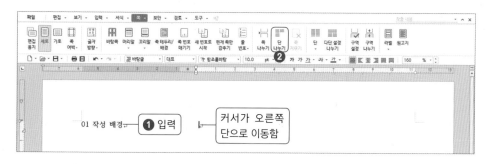

5. 문단의 첫 줄은 2칸을 띄어 입력하거나 내용을 모두 입력한 후 단축키 Alt + T 를 눌러 [문단 모양]에서 첫 줄 [들여쓰기]를 10pt로 설정합니다.

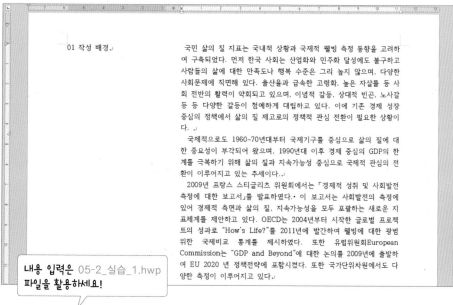

내용 입력은 05-2_실습_1.hwp 파일을 활용하세요!

입력이 완료된 문서를 두 단으로 나눌 수 있나요?

완성된 문서도 단을 나누어 편집할 수 있습니다.

05-2_실습_1.hwp 파일을 열고 [쪽] → [단 ▼] → [왼쪽]을 선택합니다. 구분선을 적용하거나 단 너비를 변경하는 등 세부 사항은 [다단 설정]을 선택해 설정할 수 있습니다.

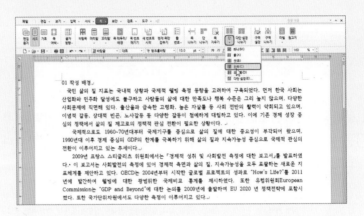

'국민 삶의~' 이후 내용을 오른쪽에 있는 두 번째 단으로 옮기려면 국 자 앞에 커서를 두고 [쪽] → [단 나누기]를 선택하거나 단축키 Ctrl + Shift + Enter 를 누르면 됩니다.

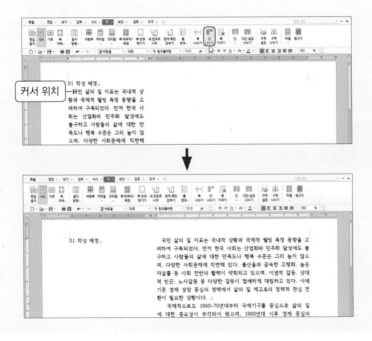

한 페이지 안에 단 개수가 다른 문서 작성하기

이번에는 앞에서 작성한 문서 다음 쪽에 예시와 같이 한 단으로 된 모양으로 문서를 작성한 후 두 단으로 나누어 문서를 나란히 배치해 보겠습니다.

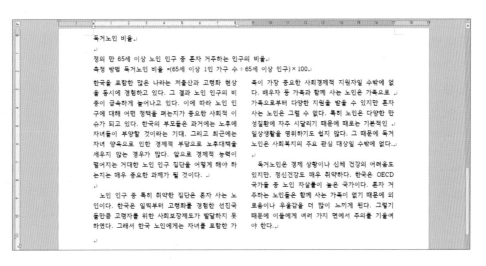

첫 번째 쪽 마지막 문단 끝에 커서를 두고 [쪽] → [쪽 나누기]를 선택하거나 단축키 Ctrl + Enter 를 눌러 페이지를 나눕니다.

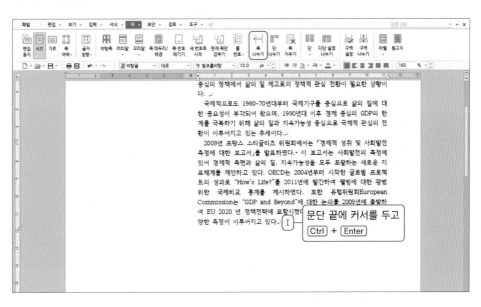

하면 된다! 〉 다단 설정 나누기

두 번째 쪽에 내용을 입력하면 첫 번째 쪽과 같이 두 단으로 나누어진 상태에서 문서가 작성됩니다. 이 상태에서 단 개수를 하나로 변경하면 첫 번째 쪽도 하나의 단으로 변경되므로 주의해야 합니다. 첫 번째 쪽에 영향을 주지 않고 두 번째 쪽부터 단 모양을 변경하려면 단 개수를 변경하기 전에 [다단 설정 나누기]를 해두면 됩니다.

1. ❶ 문서 내용이 시작되는 위치에 커서를 두고 ❷ [쪽] → [다단 설정 나누기]를 선택합니다. 빈 줄이 하나 생기고 문단이 바뀐 것 외에는 변화가 없습니다. 그러나 커서 이후부터 단 개수를 다르게 변경할 수 있습니다.

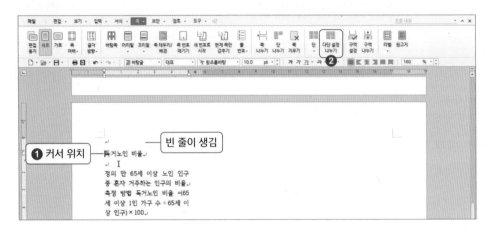

2. 이제 단 개수를 하나로 변경하겠습니다. [쪽] → [단 ▼] → [하나]를 선택합니다.

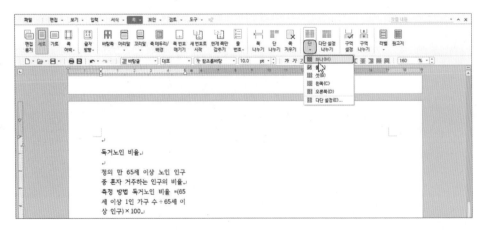

3. '독거노인'의 독 자 앞에 커서를 두고 [Backspace]를 눌러 빈 줄을 제거합니다.

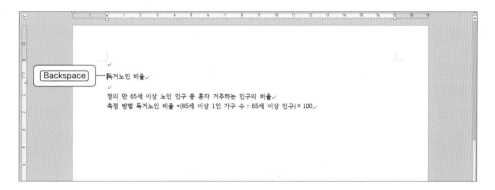

4. ❶ 문단 맨 마지막에 커서를 둔 후 ❷ [쪽] → [다단 설정 나누기]를 선택합니다.

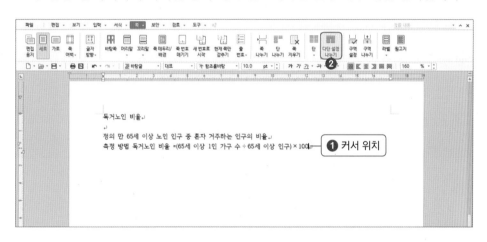

5. [쪽] → [단 ▾] → [둘]을 선택하면 다시 두 단으로 문서를 작성할 수 있습니다.

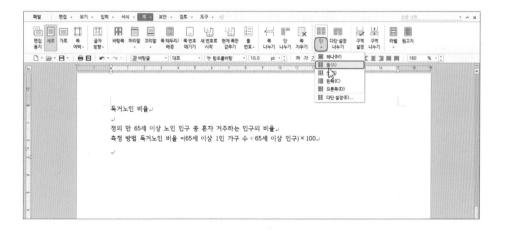

6. 내용을 작성한 후 왼쪽과 오른쪽 단에 나란히 내용을 배치해 보겠습니다. 실습의 편리를 위해 내용을 작성해 놓은 05-2_실습_2.hwp 파일을 엽니다.

❶ 마지막 문단 끝에 커서를 두고 ❷ [쪽] → [다단 설정 나누기]를 선택합니다.

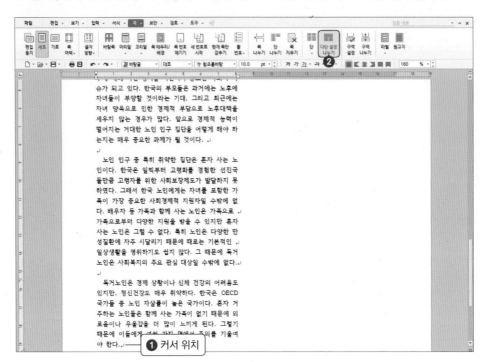

7. 양쪽 단에 나란히 문서 내용이 배치됩니다. 다시 단 개수를 하나로 설정해 남은 공간에 그림 또는 그래프와 같은 개체를 삽입할 수 있습니다.

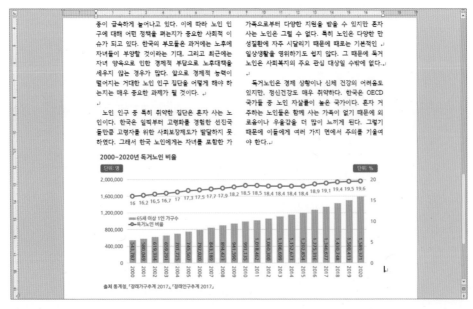

05-3
쪽 테두리/배경과 바탕쪽

· 실습 파일 05-3_실습_1~6.hwp　　· 완성 파일 05-3_완성_1~6.hwp

쪽 테두리/배경

쪽 테두리/배경을 사용해 문서의 쪽마다 본문을 에워싸는 테두리와 배경을 적용할
수 있습니다. 여러 종류의 테두리를 선택해 쪽의 특정 위치에 테두리로 장식할 수
있고, 홍보용 문서 등을 작성할 때 문서가 돋보이도록 배경색과 배경 그림을 삽입해
문서를 꾸밀 수 있습니다.

쪽 테두리와 배경을 설정하면 대부분 파일 단위로 적용됩니다. 그래서 이번 절에서
는 실습 파일이 많으니 천천히 따라 해보세요!

하면 된다! } 쪽 테두리 넣기 및 삭제하기

먼저 문서에 쪽 테두리를 적용해 보면서 테두리 종류, 위치 등을 설정하는 옵션들을
알아보겠습니다. 이번 실습은 05-3_실습_1.hwp 파일에서 진행합니다.

1. ❶ [쪽] → [쪽 테두리/배경]을 선택합니다.

　❷ [테두리] 탭에서 양쪽이 선택된 그대로 둡니다.

기본값인 '양쪽'은 모든 쪽에 테두리를 적용하는 것이며, 이 외에 '홀수', '짝수 쪽'
을 구분해서 테두리를 적용할 수 있습니다.

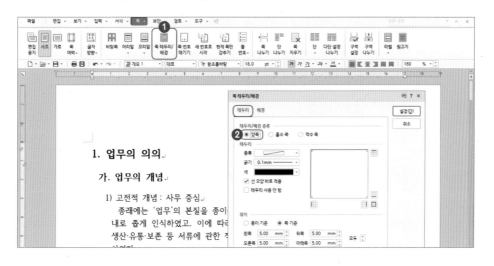

2. ❶ [테두리 종류]를 실선으로 선택합니다. 그리고 테두리를 왼쪽, 위쪽, 오른쪽, 아래쪽에 적용하기 위해 ❷ 모두를 누릅니다. 미리 보기에서 테두리가 제대로 적용된 것을 확인한 후 ❸ [설정]을 누르면 모든 쪽에 테두리가 적용됩니다.

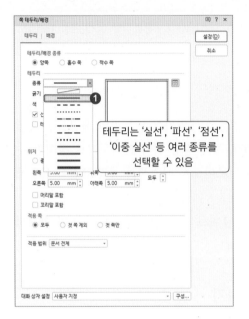

테두리는 '실선', '파선', '점선', '이중 실선' 등 여러 종류를 선택할 수 있음

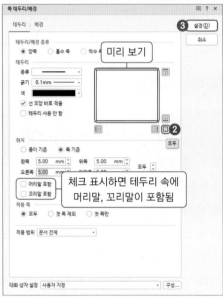

미리 보기

체크 표시하면 테두리 속에 머리말, 꼬리말이 포함됨

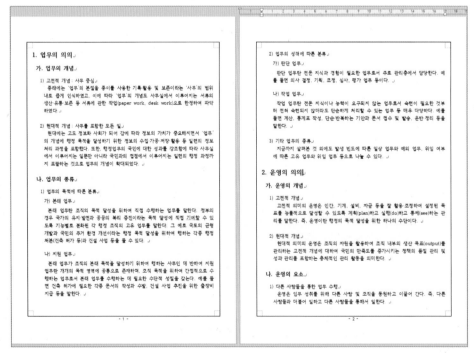

3. 쪽 가장자리에 모두 테두리가 설정된 상태에서 위, 아래에만 테두리를 적용해 보겠습니다. 먼저 ❶ [테두리 종류]를 선 없음으로 선택합니다. 그리고 ❷ 왼쪽과 오른쪽을 눌러 '선 없음'을 적용하고 ❸ [설정]을 누릅니다. 그러면 쪽의 위, 아래에만 테두리가 표시됩니다.

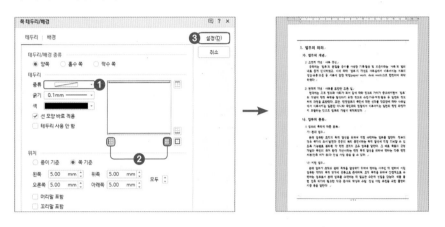

4. ❶ 다시 모두를 눌러 테두리를 변경합니다. [테두리 위치]의 기본값은 '쪽 기준'이며, '쪽 기준'과 '종이 기준' 중 선택해서 적용할 수 있습니다.
❷ 종이 기준을 선택하고 ❸ [설정]을 누릅니다.

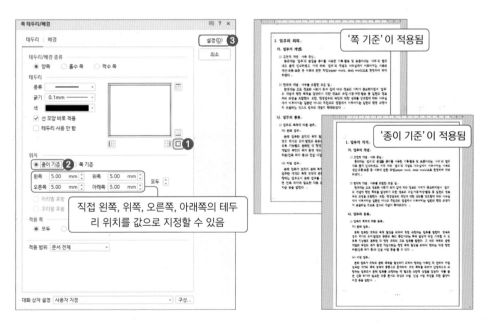

직접 왼쪽, 위쪽, 오른쪽, 아래쪽의 테두리 위치를 값으로 지정할 수 있음

'쪽 기준'이 적용됨

'종이 기준'이 적용됨

5. 쪽 테두리를 지우려면 [쪽 테두리/배경]을 실행한 후 [테두리 종류]를 없음으로
선택합니다.

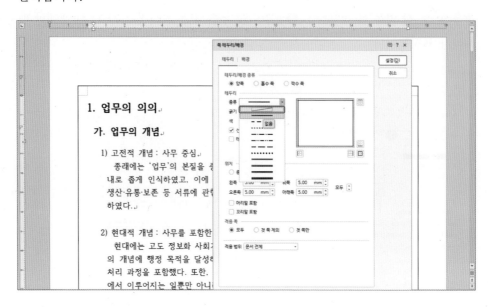

6. ❶ 모두를 눌러 미리 보기에서 테두리가 지워졌는지 확인한 후 ❷ [설정]을 누릅
니다. 쪽 테두리가 지워졌습니다.

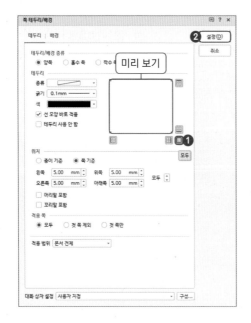

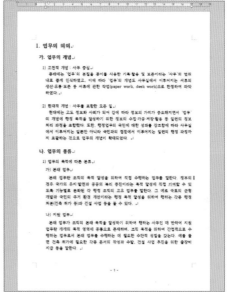

하면 된다! ᐳ 첫 쪽 제외하기와 첫 쪽에만 테두리 적용하기

첫 쪽이 표지 또는 차례로 구성되었다면 첫 쪽을 제외하고 본문 쪽에만 테두리를 적용할 수 있습니다.

이번 실습은 05-3_실습_2.hwp 파일에서 진행하겠습니다. 첫 쪽을 선택하든 두 번째 쪽을 선택하든 쪽 테두리 배경은 첫 쪽부터 적용됩니다.

1. [쪽] → [쪽 테두리/배경]을 선택해 [쪽 테두리/배경]을 실행합니다. 표지가 작성된 첫 쪽을 제외하고 테두리를 적용해 보겠습니다.

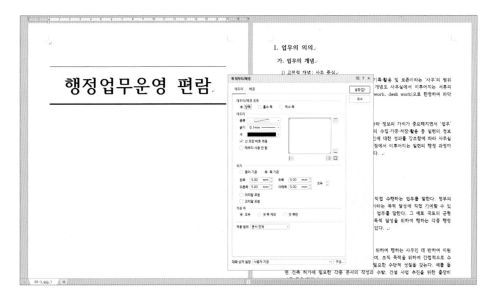

2. 먼저 ❶ [테두리 종류]를 실선으로 선택한 후 ❷ 모두를 눌러 쪽 가장자리에 쪽 테두리를 적용합니다. ❸ [적용 쪽]에서 첫 쪽 제외를 선택하고 ❹ [설정]을 누릅니다.

첫 쪽을 제외하고 모든 쪽에 테두리가 적용됩니다.

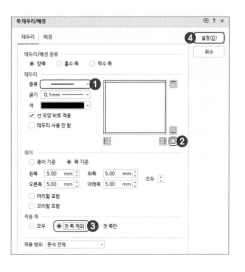

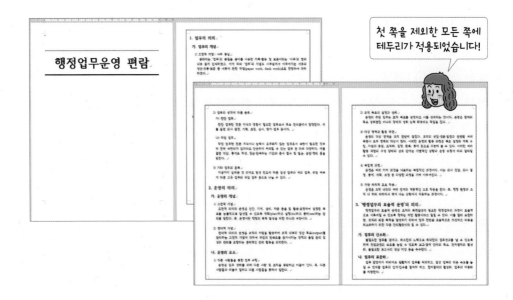

첫 쪽을 제외한 모든 쪽에 테두리가 적용되었습니다!

행정업무운영 편람

3. ❶ [적용 쪽]을 첫 쪽만으로 선택하고 ❷ [설정]을 누르면 첫 쪽에만 테두리가 적용됩니다.

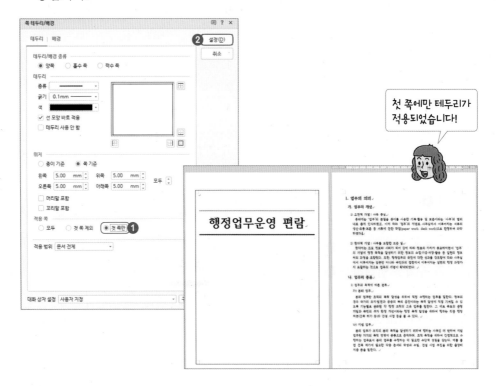

첫 쪽에만 테두리가 적용되었습니다!

행정업무운영 편람

하면 된다! 〉 구역 나누기로 특정 쪽에만 테두리 적용하기

첫 쪽은 표지, 둘째 쪽은 목차로 구성된 문서에서 두 쪽을 제외하고 본문부터 쪽 테두리를 적용해야 한다면 앞서 학습한 첫 쪽 제외만으로는 원하는 결과를 만들 수 없습니다. 이 경우 [구역 나누기]를 설정하면 됩니다.

이번 실습은 05-3_실습_3.hwp 파일에서 진행합니다.

1. ❶ 목차가 작성된 두 번째 쪽 맨 아래 문단 부호에 커서를 두고 ❷ [쪽] → [구역 나누기]를 선택합니다.

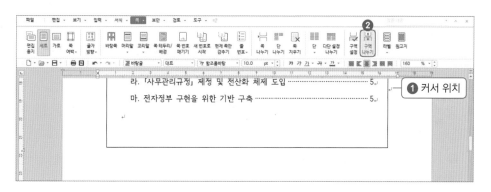

2. 구역 나누기가 되면서 빈 쪽이 추가됩니다. 그러면 두 번째 쪽과 새로 추가된 쪽은 구역이 달라 모든 설정을 다르게 할 수 있습니다. 예를 들면 A 구역과 B 구역으로 나누어져 편집 용지, 여백, 개요 번호를 새로 설정할 수 있습니다.

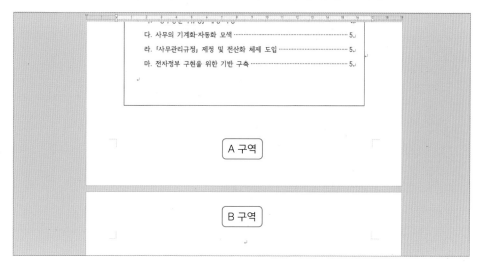

3. 현재 문서는 이미 작성이 완료된 문서이므로 빈 쪽이 있으면 안 되고 본문이 표시되어야 합니다. 추가된 빈 쪽에서 [Delete]를 두 번 눌러 본문의 시작 쪽이 표시되도록 합니다.

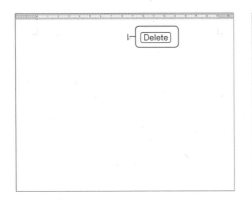
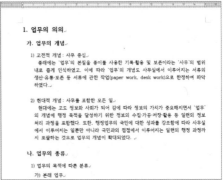

4. 앞서 예시로 설명했던 B 구역, 즉 본문이 시작되는 곳에 마우스 커서를 둔 후 [쪽] → [쪽 테두리/배경]을 선택해 [쪽 테두리/배경]을 실행합니다.

❶ [테두리 종류]를 얇고 굵은 이중선으로 선택하고 ❷ 모두를 누른 후 ❸ [설정]을 누릅니다.

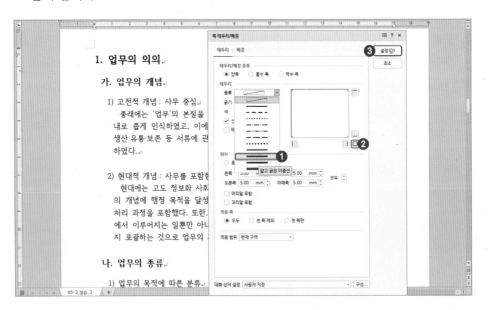

5. 첫 쪽과 둘째 쪽을 제외한 구역이 나누어진 이후 쪽 모두 테두리가 표시되었습니다.

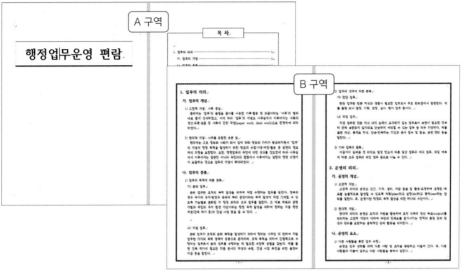

쪽 배경

문서의 배경을 색과 무늬로 채우거나 그러데이션 또는 그림으로 채워 다양한 효과
를 적용해 문서를 꾸밀 수 있습니다.

[쪽 테두리/배경]을 실행한 후 ❶ [배경] 탭을 선택하고 ❷ [채우기]에서 색을 선택해
❸ [면 색]을 초록으로 지정한 후 ❹ [설정]을 누르면 쪽에 배경색이 채워집니다.

[색 채우기 없음]을 선택하고 [설정]을 누르면 배경색을 쉽게 지울 수 있습니다.

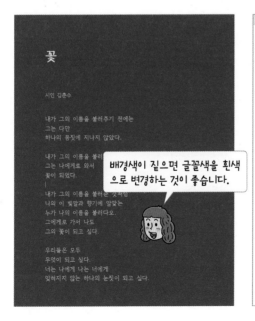

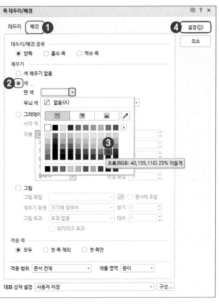

배경색뿐만 아니라 그러데이션을 선택해 시작 색과 끝 색을 지정해 주는 것만으로 멋진 배경을 연출할 수 있습니다. 상세 설정 방법은 QR코드를 통해 동영상 강의를 참고하세요.

함께 보면 좋은
동영상 강의

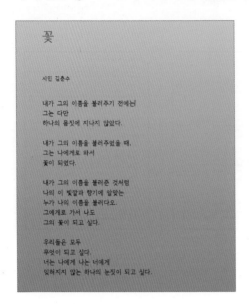

하면 된다! } 배경 그림 넣기

이번에는 05-3_실습_4.hwp 파일을 열어 배경 그림을 넣어 보겠습니다.

1. [쪽] → [쪽 테두리/배경]을 선택해 [쪽 테두리/배경]을 실행한 후 ❶ [배경] 탭을 선택하고 ❷ [채우기]의 그림에 체크 표시하면 [그림 넣기]가 실행됩니다.
❸ 배경 그림으로 넣을 배경.jpg 파일을 선택하고 ❹ [열기]를 누릅니다.

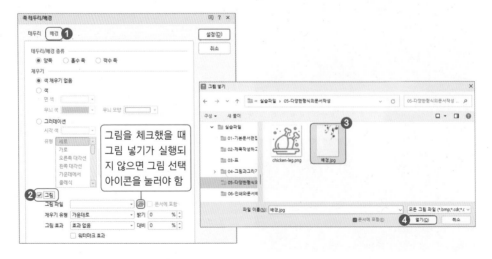

2. ❶ [채우기 유형]을 원래 크기에 비례하여로 선택하고 **❷** [설정]을 누릅니다.

현재 삽입한 배경.jpg 그림 파일은 A4 용지 크기입니다. 편집 용지 크기와 같아 '원래 크기에 비례하여'를 선택해 배경으로 적용하면 그림 모양의 왜곡 없이 보기 좋게 배경으로 사용할 수 있습니다.

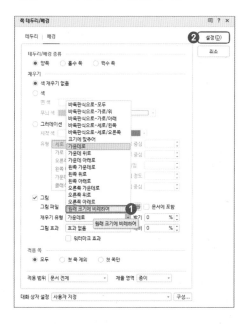

하면 된다! ⎬ 배경 그림으로 어울리도록 그림 효과 적용하기

색상이 짙은 그림은 배경 그림으로 어울리지 않습니다. 다음 왼쪽 예시는 원본 그림을 그대로 배경으로 적용한 경우이고, 오른쪽 예시는 그림 밝기를 변경해 배경으로 어울리도록 설정한 것입니다. 오른쪽 예시와 같이 배경 그림을 가운데에 보기 좋게 배치하고 밝기를 조정하는 방법을 배워 보겠습니다. 이번 실습은 05-3_실습_5. hwp 파일에서 진행합니다.

1. [쪽] → [쪽 테두리/배경]을 선택해 [쪽 테두리/배경]을 실행합니다.

   ❶ [배경] 탭에서 ❷ 그림에 체크 표시하고 ❸ [그림 선택]을 누릅니다. [그림 넣기]가 실행되면 ❹ chicken-leg.png 파일을 선택한 후 ❺ [열기]를 누릅니다.

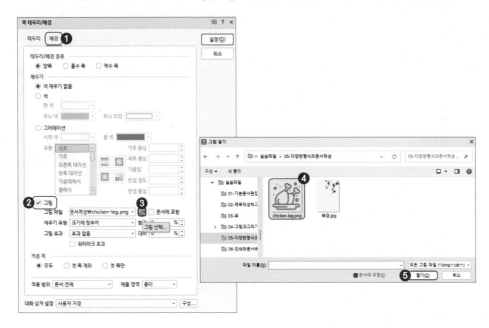

2. ❶ [채우기 유형]을 가운데로 선택한 후 ❷ [밝기]를 30%로 입력합니다.
밝기는 처음부터 30%를 입력해야 할지 알 수 없습니다. 직접 10%부터 값을 가감해 가면서 적당한 밝기로 설정하면 됩니다.

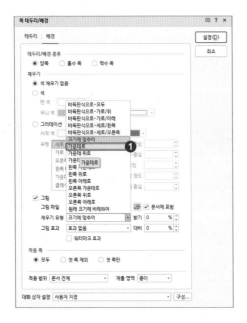

채우기 유형 더 알아보기

편집 용지보다 배경 그림 크기가 작으면 채우기 유형에 따라 다양한 배경으로 나타
낼 수 있습니다.

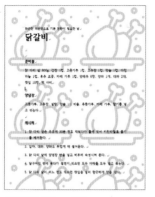

바둑판식으로 — 모두

바둑판식으로 — 가로/아래

오른쪽 위로

바탕쪽

문서 전체 쪽에 공통으로 적용되는 쪽 모양은 바탕쪽에서 작성하면 됩니다. 쪽 배경과
달리 바탕쪽에서는 그리기 개체와 그림 등을 삽입해 직접 크기와 위치 등을 자유롭게
설정하고 배치할 수 있습니다. 그리고 홀수 쪽과 짝수 쪽을 따로 지정할 수 있어 맞쪽
문서를 작성할 때 펼쳐진 모양에 맞추어 원하는 모양대로 편집할 수 있습니다.

하면 된다! } 바탕쪽으로 쪽 배경 만들고 PDF 문서로 저장하기

다음 예시와 같이 바탕쪽에서 문서 왼쪽과 오른쪽에 그리기 개체를 사용해 전체 쪽
에 적용되는 배경을 작성하고 PDF로 저장해 보겠습니다. 이번 실습은 05-3_실
습_6.hwp 파일에서 진행합니다.

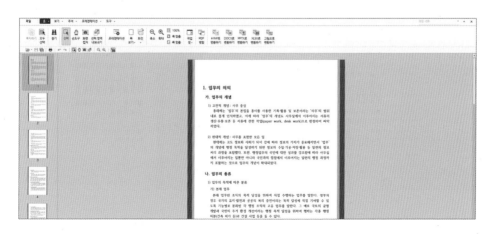

1. ❶ [쪽] → [바탕쪽]을 선택하고 ❷ 양쪽을 선택한 후 ❸ [만들기]를 누릅니다.
'양쪽'을 선택하면 홀수 쪽, 짝수 쪽 구분 없이 모든 쪽에 배경이 작성됩니다.

2. 바탕쪽 편집 창이 표시되면 ❶ [입력]을 눌러 ❷ 그리기 개체 모음에서 직사각형을
선택합니다. ❸ 예시를 참고해 쪽의 세로 크기에 맞게 왼쪽에 직사각형을 삽입합니다.

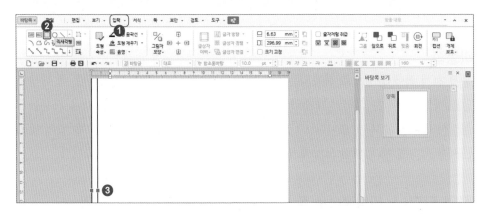

3. ❶ 직사각형이 선택된 상태에서 ❷ [도형] → [도형 채우기] → 보라(RGB: 157,
92, 187)를 선택한 후 ❸ [도형 윤곽선] → [없음]을 선택합니다.

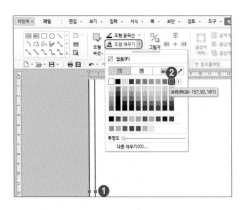
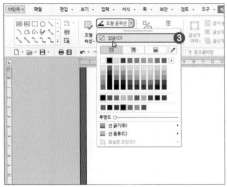

4. 직사각형을 선택한 후 [Ctrl]을 누른 상태에서 오른쪽으로 드래그해 직사각형을 복사합니다.

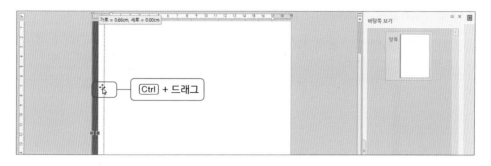

5. ❶ 복사한 도형을 선택한 후 ❷ [도형] → [도형 채우기] → 보라(RGB: 157, 92, 187) 60% 밝게를 선택합니다. 그리고 ❸ 복사한 도형 크기를 조금 좁게 변경합니다.

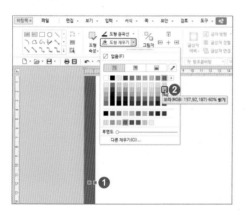
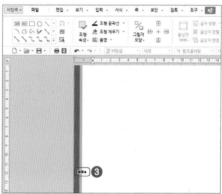

6. 보라색 직사각형을 선택한 후 [Shift]를 눌러 연보라색 직사각형을 선택합니다. 그리고 [G]를 눌러 두 직사각형을 그룹으로 묶어 줍니다.

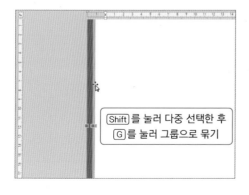
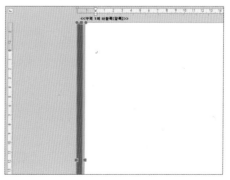

7. ❶ 그룹화한 개체를 Ctrl 을 누른 상태에서 오른쪽으로 드래그해 복사한 후 ❷ [도형] → [회전] → [좌우 대칭]을 선택합니다.

8. 배경이 완성되었습니다. [닫기]를 누르거나 단축키 Shift + Esc 를 눌러 바탕쪽을 닫습니다.

9. ❶ [파일] → [PDF로 저장하기]를 선택하고 ❷ 파일명을 입력한 후 ❸ [저장]을 누릅니다.

05-4
누름틀과 양식 개체

• 실습 파일 05-4_실습.hwp   • 완성 파일 05-4_완성.hwp

누름틀은 표 안, 셀 안에 내용을 입력하는 데 도움이 되는 설명을 넣어 정확한 정보를 입력하도록 유도하는 기능입니다. 워드에는 없는 한글에만 있는 고유한 기능이므로 알아 두면 유용합니다.

하면 된다! } 누름틀 삽입하고 수정, 삭제하기

완성된 강사카드를 보면 과정명과 과목명에 누름틀을 사용해서 설명을 입력해 두었습니다. 누름틀을 클릭하면 설명이 사라지는데, 이때 과정명을 입력하면 됩니다. 그럼 누름틀을 삽입해 보겠습니다.

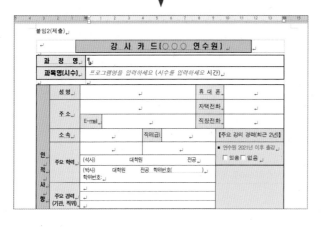

완성 파일을 실행해 보면 어떤 기능인지 한 번에 알 거예요!

1. ❶ 입력된 안내문을 선택한 후 단축키 Ctrl + X 를 눌러 잘라냅니다.

❷ [입력 ▼] → [개체] → [필드 입력]을 누르거나 단축키 Ctrl + K , E 를 누릅니다.

2. [필드 입력] 창이 실행되면 **❶** [입력할 내용의 안내문]에 커서를 두고 단축키 Ctrl + V 를 눌러 잘라놓은 안내문을 붙인 후 **❷** [넣기]를 누릅니다.

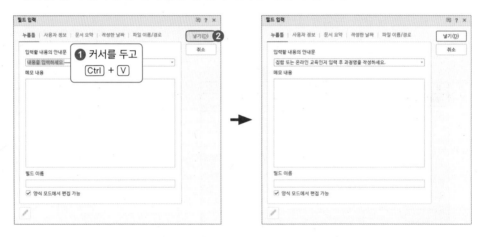

3. 빨간색의 기울임 글꼴로 설명문이 표시됩니다. 삽입된 누름틀을 선택하면 설명문은 사라지고 커서가 깜박입니다. 커서 위치에 과정명을 입력하면 되고, 과정명을 입력하지 않고 다른 곳을 선택하면 다시 누름틀이 표시됩니다.

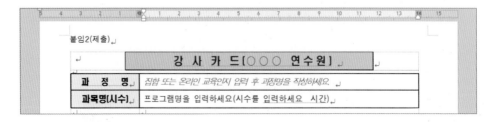

4. 같은 방법으로 과목명(시수) 누름틀도 삽입하겠습니다. '프로그램명을 입력하세요'를 잘라내고 단축키 Ctrl + K, E를 눌러 [필드 입력] 창을 실행합니다.

❶ 단축키 Ctrl + V를 눌러 잘라낸 내용을 붙인 후 ❷ [넣기]를 누릅니다.

5. 시간을 입력하는 괄호 속에 커서를 두고 다시 Ctrl + K, E를 누릅니다.

❶ [입력할 내용의 안내문]으로 시수를 입력하세요를 입력하고 ❷ [넣기]를 누릅니다.

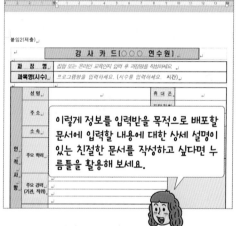

이렇게 정보를 입력받을 목적으로 배포할 문서에 입력할 내용에 대한 상세 설명이 있는 친절한 문서를 작성하고 싶다면 누름틀을 활용해 보세요.

6. 누름틀을 수정하려면 ❶ 누름틀 입력 부분을 마우스 오른쪽 버튼으로 누르고 [누름틀 고치기]를 누르거나 단축키 Ctrl + N, K를 눌러 [필드 입력 고치기] 창을 실행합니다. ❷ 내용을 수정한 후 ❸ [고치기]를 누르면 누름틀 입력 내용을 고칠 수 있습니다.

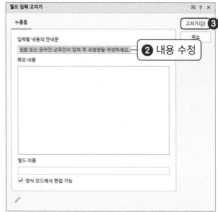

7. 누름틀을 지우려면 ❶ 누름틀 내용 오른쪽에 커서를 두고 Backspace 를 누른 다음 ❷ [지우기] 창에서 [지움]을 누르면 됩니다.

하면 된다! 〉 체크 박스 삽입하기

이번에는 출강 있음과 없음을 표시하는 부분의 체크 표시를 문자표에서 찾아 직접 입력하지 않아도 쉽게 체크 표시를 할 수 있도록 체크 박스를 삽입해 보겠습니다.

1. ❶ 출강 있음 (✓) 없음 ( )을 선택한 후 ❷ [입력] → [양식 개체] → [선택 상자]를 선택합니다. 기존 내용은 지워지고 선택 상자가 덮어씁니다.

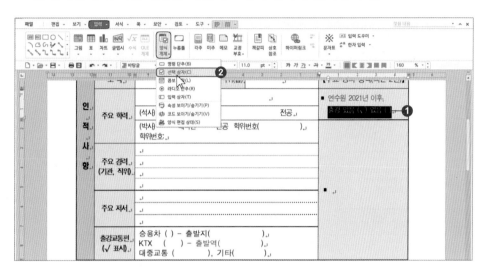

2. ❶ 개체가 선택된 상태에서 ❷ [양식 개체 ▦] → [속성 보이기/숨기기]를 누르면 오른쪽에 [양식 개체 속성] 작업 창이 실행됩니다.

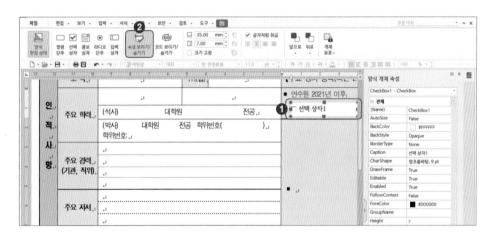

3. ❶ Caption을 있음으로 변경하고 ❷ CharShape ⯆를 눌러 [글자 모양]을 실행한 후 ❸ [글꼴]을 한컴돋움으로 변경하고 ❹ [설정]을 누릅니다.

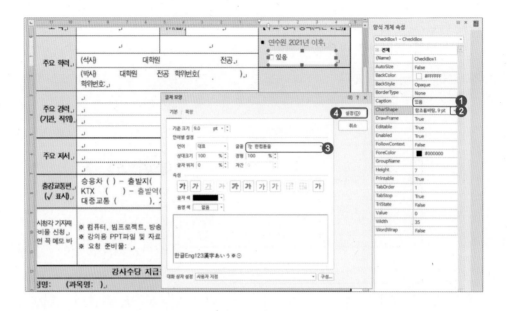

4. ❶ BackColor ▣를 누른 다음 ❷ [색 골라내기]를 눌러 회색 배경을 선택해 배경색을 같게 합니다. 그리고 ❸ AutoSize를 True로 변경하면 Caption 내용에 맞게 크기가 변경됩니다.

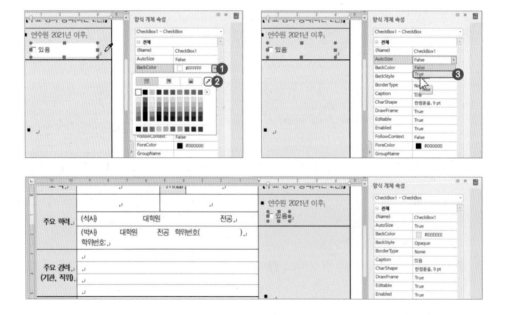

5. '있음' 체크박스 오른쪽에 한 칸을 띄어쓰기 하고 체크박스를 복사합니다.

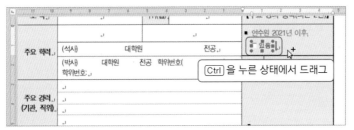

6. Caption을 없음으로 변경합니다.

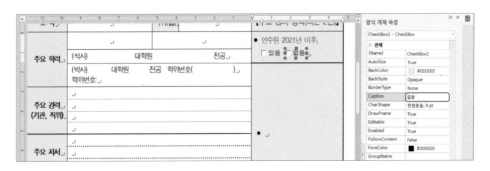

7. 체크 박스가 제대로 동작하도록 하려면 ❶ [양식 개체 ▦] → [양식 편집 상태]
를 눌러 선택 해제하면 됩니다. 해제 후 ❷ 있음을 클릭해 체크 표시해 보세요.

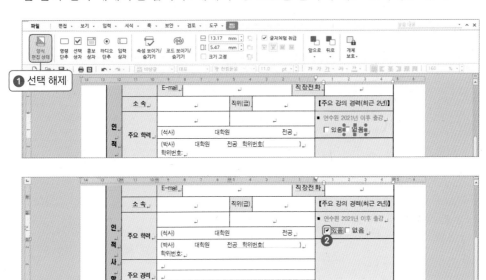

8. 다시 편집 상태로 변경하려면 [입력] → [양식 개체] → [양식 편집 상태]를 선택합니다.

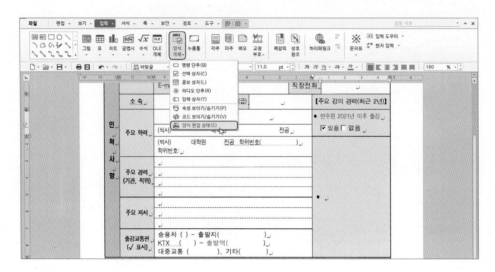

05-5
메일 머지와 라벨

• 실습 파일 05-5_실습.hwp   • 완성 파일 05-5_완성_1~2.hwp

메일 머지란 여러 사람의 이름, 주소 등이 저장된 데이터 파일과 안내장, 초대장 등의 서식 파일을 결합해 이름이나 주소 부분만 다르고 나머지 내용이 같은 수십, 수백 통의 안내장, 초대장을 한꺼번에 만들 수 있는 기능입니다. 한글에서 만든 데이터 파일로도 메일 머지를 만들 수 있지만, 주로 엑셀 파일로 저장한 명단, 주소록을 사용합니다.

하면 된다! } 메일 머지로 초대장 만들기

메일 머지를 사용하면 엑셀 파일로 저장된 주소록의 명단수만큼 초대장을 빠르게 작성할 수 있습니다. 다음 예시와 같이 초대장 문서와 주소록 데이터만 있으면 됩니다.

1. ❶ 수 신: 다음에 커서를 두고 ❷ [도구] → [메일 머지] → [메일 머지 표시 달기]를 선택하거나 단축키 Ctrl + K , M 을 누릅니다.

2. [메일 머지 표시 달기]가 실행되면 ❶ [필드 만들기] 탭을 선택한 후 ❷ [필드 번호나 이름을 입력하세요.]에 회사명을 입력하고 ❸ [넣기]를 누릅니다. 메일 머지 표시는 주소록의 첫 행에 있는 필드명을 입력하거나 필드 번호 2를 입력하면 됩니다. 메일 머지에 사용할 주소록은 반드시 필드명이 첫 행에 입력되어야 합니다.

3. {{회사명}}으로 메일 머지 표시가 달린 것을 확인할 수 있습니다. 한 칸을 띄우고 Ctrl + K, M을 눌러 ❶ 대표자를 입력하고 ❷ [넣기]를 누릅니다. 그리고 다시 한 칸을 띄어쓰기 합니다.

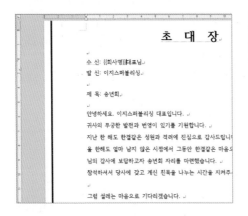

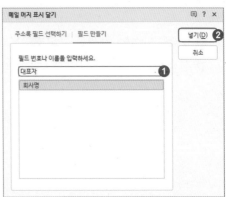

4. 메일 머지 표시를 모두 달았으면 이제 메일 머지 기능을 사용해 인원수만큼 초대장을 만들어 보겠습니다. [도구] → [메일 머지] → [메일 머지 만들기]를 선택하거나 단축키 Alt + M을 누릅니다.

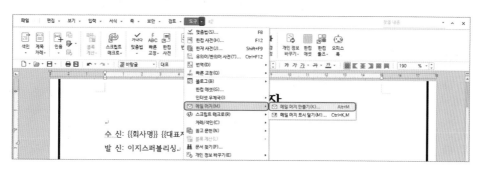

5. 자료 종류에서 ❶ 훈셀/엑셀 파일을 선택한 후 ❷ [파일 선택]을 누릅니다.

6. ❶ 주소록.xlsx 파일을 선택하고 ❷ [열기]를 누릅니다.

7. 기본값 출력 방향인 '프린터'가 선택된 상태에서 메일 머지를 만들면 잘못 인쇄되어 용지를 낭비할 가능성이 있습니다. 따라서 출력 방향은 '화면'과 '파일'을 추천합니다.

❶ [출력 방향]을 화면으로 선택하고 ❷ [만들기]를 누릅니다.

꼭 '화면'을 눌러서 확인한 후에 인쇄를 진행하세요!

8. ❶ [시트 목록]에서 주소록을 선택하고 ❷ [선택]을 누릅니다. 예제 파일인 주소록.xlsx에는 시트가 한 개이지만 여러 개라면 주소록이 작성된 시트를 선택하면 됩니다.

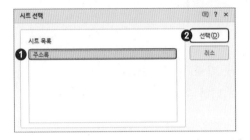

9. '주소록' 시트에 저장된 명단을 확인할 수 있습니다. [Ctrl]을 누른 상태에서 레코드를 선택하면 해당 레코드는 초대장이 만들어지지 않습니다. 주소록 레코드를 모두 선택하고 [선택]을 누릅니다.

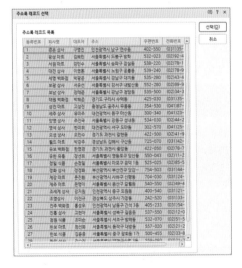

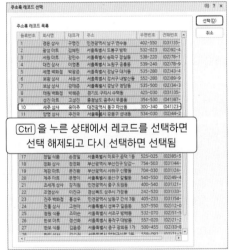

[Ctrl]을 누른 상태에서 레코드를 선택하면 선택 해제되고 다시 선택하면 선택됨

10. 초대장이 만들어지고 인쇄 미리 보기가 됩니다. [다음 쪽]을 눌러 쪽마다 수신자가 명단에 맞게 표시되었는지 확인합니다.

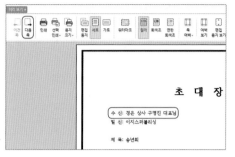 

11. 마지막 초대장까지 수신자를 확인합니다. 문제가 없다면 ❶ [인쇄]를 눌러 초대장을 명단수만큼 인쇄하고 ❷ [닫기]를 눌러 인쇄 미리 보기를 닫습니다.

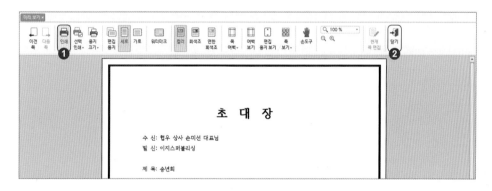

하면 된다! ▶ 메일 머지 파일로 저장하기

초대장을 메일 머지로 빠르게 만든 후 수신자별 내용 일부를 수정해서 인쇄하려면 출력 방향을 '파일'로 선택해서 만들면 됩니다.

1. 초대장에서 단축키 [Alt] + [M]을 눌러 [메일 머지 만들기]를 실행합니다.
　❶ [자료 종류]는 앞서 사용한 흔셀/엑셀 파일이 지정된 상태에서 ❷ [출력 방향]을 파일로 선택한 후 ❸ [저장]을 누릅니다.

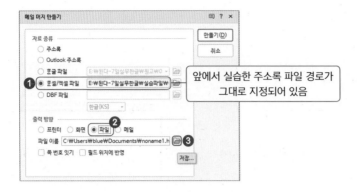

앞에서 실습한 주소록 파일 경로가
그대로 지정되어 있음

2. ❶ 초대장의 [파일 이름]을 초대장_완성으로 입력하고 ❷ [저장]을 누른 후 ❸ [만들기]를 누릅니다.

3. 저장된 초대장_완성 파일을 열면 명단수만큼 초대장이 작성되어 있습니다. 스크롤해서 각 쪽을 확인하고 수신자별 초대장 일부를 수정합니다.

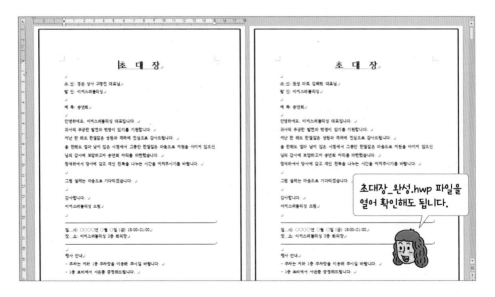

초대장_완성.hwp 파일을
열어 확인해도 됩니다.

라벨과 메일 머지를 활용해 사원증 만들기

엑셀로 정리해 놓은 명단의 인원수만큼 오른쪽 예시와 같은 사원증으로 만들려고 합니다. 이 경우 [라벨]과 [메일 머지] 기능을 사용하면 쉽게 만들 수 있습니다.

[라벨]은 분류나 구분을 목적으로 표시하기 위해 달아 두는 이름표로 각종 파일철의 이름표나 엽서, 명함, 주소록 등을 간단히 만들 수 있습니다.

사진은 [메일 머지]를 사용해서 붙일 수 없습니다. 완성 모양을 보여 주기 위해 삽입해 놓은 것으로, 사원증을 인쇄한 후 사진을 붙이면 됩니다.

하면 된다! ⟩ 라벨 문서와 메일 머지 만들기

1. 단축키 Alt + N을 눌러 새 문서를 열고 [쪽] → [라벨] → [라벨 문서 만들기]를 선택합니다.

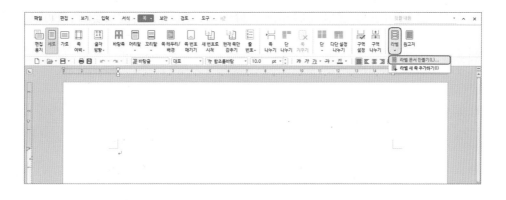

2. A4 용지 한 장에 사원증 4개를 인쇄하기 위해 가장 유사한 라벨 모양을 선택하 겠습니다.

❶ [라벨 문서 꾸러미] 탭 → Formtec → 물건 이름표(4칸) - 3118을 선택하고 ❷ [열기]를 누릅니다. 여기서 선택한 라벨은 스티커 형식의 라벨 용지입니다. 현 재 작성하려는 사원증은 실제 라벨 용지에 출력할 것은 아니지만 모양이 유사하 다고 표로 작성해서는 안 됩니다. [메일 머지] 기능을 활용해 인원수만큼 사원증 을 인쇄하려면 라벨 용지를 반드시 사용해야 합니다.

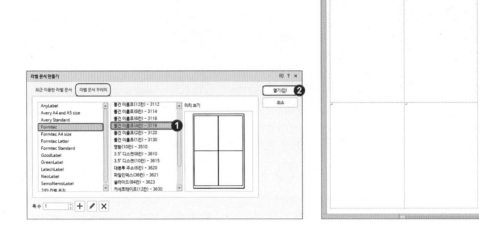

3. 첫 번째 셀에 사원증, 사진, 사번, 이름, 슬기로운주식회사를 줄을 변경해 입력하 고 블록으로 지정한 후 가운데 정렬 합니다. 이후 적절하게 글자 크기를 조정합니다. 사번과 이름은 메일 머지 표시 달기를 할 것이지만 미리 위치를 정해 놓기 위해 입력 합니다.

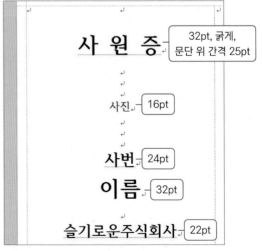

4. 사원증을 완성한 후 자르기 편리하도록 가장자리에 테두리를 설정하겠습니다. 라벨에 블록을 지정한 후 [표 디자인] → [테두리 ▾] → [모든 테두리]를 적용합니다.

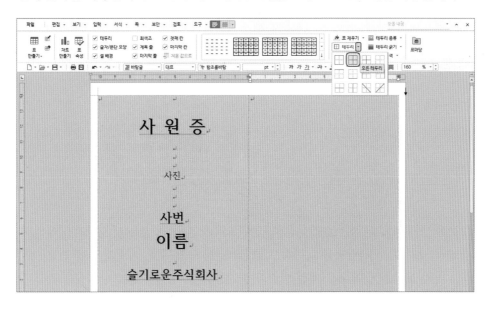

5. ❶ 위치를 설정하기 위해서 임시로 입력해 둔 사번을 블록으로 지정한 후 ❷ [도구 ▾] → [메일 머지] → [메일 머지 표시 달기]를 선택하거나 단축키 Ctrl + K, M 을 누릅니다.

6. ① [필드 만들기] 탭을 눌러 ② 사번을 입력하고 ③ [넣기]를 누릅니다.

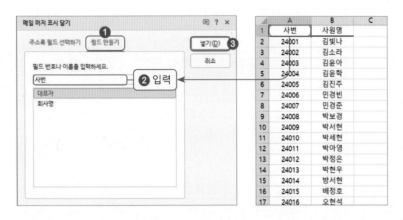

7. 같은 방법으로 ① 이름을 블록으로 지정하고 ② Ctrl + K, M을 눌러 [메일 머지 표시 달기]에서 사원명을 입력하고 ③ [넣기]를 누릅니다. 이렇게 라벨 한 칸에만 메일 머지 표시를 달아두고 메일 머지 만들기를 하면 인원수만큼 사원증을 만들 수 있습니다.

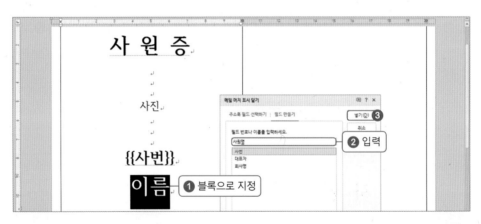

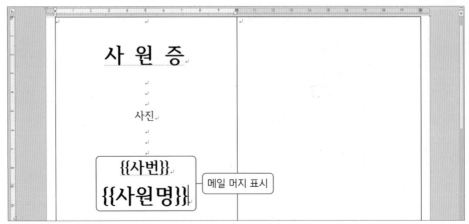

8. 이제 파일로 저장하겠습니다. [도구] → [메일 머지] → [메일 머지 만들기]를 선택하거나 단축키 Alt + M을 누릅니다.

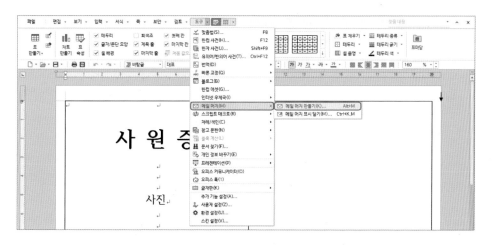

9. ❶ 훈셀/엑셀 파일을 선택한 후 ❷ [파일 선택]을 누릅니다. ❸ 명단.xlsx 파일을 선택하고 ❹ [열기]를 누릅니다.

10. ❶ [출력 방향]을 화면으로 선택하고 ❷ [만들기]를 누릅니다.

기본값인 '프린터'가 선택되어 있으면 바로 인쇄가 되므로 주의해야 합니다. 꼭 화면을 선택해 미리 보기를 한 후 인쇄해야 용지 낭비를 줄일 수 있습니다.

꼭 '화면'을 눌러서 확인한 후에 인쇄를 진행하세요!

11. 명단 시트가 선택된 상태에서 [선택]을 누르면 엑셀 파일로 저장된 명단을 모두 확인할 수 있습니다.

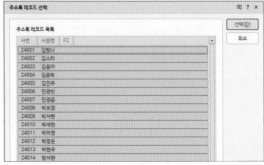

12. [다음 쪽]을 누르면 인원수만큼 만들어진 사원증을 확인할 수 있습니다. 특별히 수정할 내용이 없다면 [인쇄]를 누릅니다.

사 원 증	사 원 증
사진	사진
24001	24002
김빛나	**김소라**
슬기로운주식회사	슬기로운주식회사
사 원 증	사 원 증
사진	사진
24003	24004
김윤아	**김윤학**
슬기로운주식회사	슬기로운주식회사

사 원 증	사 원 증
사진	사진
24005	24006
김진주	**민경빈**
슬기로운주식회사	슬기로운주식회사
사 원 증	사 원 증
사진	사진
24007	24008
민경준	**박보경**
슬기로운주식회사	슬기로운주식회사

질문 있어요! 이름 사이에 한 칸씩 띄어쓰려면 어떻게 해야 하나요?

정석으로 수정하는 방법은 명단.xlsx 파일에 작성된 이름 사이를 띄어쓰기 하면 됩니다. 하지만 많은 양의 엑셀 데이터를 수정하려면 시간이 오래 걸리고 힘이 듭니다. 이런 경우 메일 머지 표시에 자간을 늘리면 간단하게 해결할 수 있습니다.

메일 머지 표시로 지정된 {{사원명}}을 블록으로 지정한 후 단축키 Alt + Shift + W를 여러 번 눌러 글자 사이 간격을 늘려 줍니다. 반대로 간격을 줄이려면 단축키 Alt + Shift + N을 누릅니다.

하면 된다! 〉 라벨 용지 크기 조정하기

한글에서 지원하지 않는 규격의 라벨을 사용하기 위해 용지 크기를 조정하는 방법을 알아보겠습니다. 여기서는 라벨 크기를 사용자가 원하는 방법으로 바꾸는 방법만 배워 보겠습니다.

1. 단축키 Alt + N 을 눌러 새 문서를 열고 [쪽] → [라벨] → [라벨 문서 만들기]를 선택합니다.

2. ❶ 물건 이름표(4칸) ─ 3118이 선택된 상태에서 ❷ [라벨 용지 만들기...]를 누릅니다.

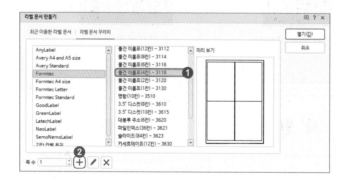

3. ❶ [이름]을 사원증으로 입력하고 ❷ [폭]은 90mm로 입력합니다. 그랬더니 라벨 모양이 용지 왼쪽으로 치우쳐 정렬됩니다. 인쇄해서 모양대로 자를 것이므로 상관없지만 라벨이 가운데 보기 좋게 배치되도록 하려면 [왼쪽] 여백에 9.10mm를 더해 주면 됩니다.

❸ 기본 여백 5mm에 9.10mm를 더해 14.10mm를 [왼쪽] 여백에 입력합니다.

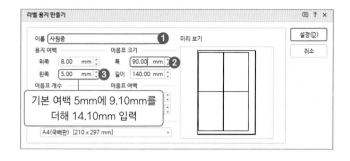

4. ❶ [길이]는 130mm(13cm)로 변경하고 ❷ 남은 10mm를 [위쪽] 여백에 더해 18mm로 수정합니다. 미리 보기를 보면 4칸 라벨이 보기 좋게 작성되었죠? ❸ [설정]을 누릅니다.

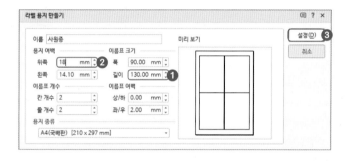

5. 사원증 라벨이 추가되었습니다. [열기]를 누르면 가로 9cm, 세로 13cm 라벨을 사용할 수 있습니다.

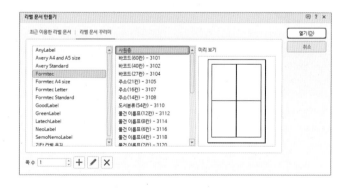

06

문서 작성 마무리 작업과 인쇄

"최 주임님~! 이거 어떻게 해결해야 해요?"
그동안의 한글 특훈이 빛을 발할 때!
"쪽 번호를 넣고 인쇄 설정까지… 이렇게 하
면 됩니다~" 동료들의 질문에 이제 쉽게 답변
할 수 있게 된 최 주임.
"와! 최 주임님! 정말 한글 능력자시네요~"
"나도 이제 한글 능력자!"

06-1
머리말과 꼬리말

• 실습 파일 06-1_실습.hwp　　• 완성 파일 06-1_완성.hwp

머리말은 쪽 상단에 쪽 번호, 작성자 이름, 문서 제목, 로고 등 일관된 정보를 표시
해 해당 페이지와 문서 전체의 식별을 도와주는 역할을 합니다. 반면 꼬리말은 쪽
하단에 쪽 번호, 저작권 정보, 연락처, 작성일자 등 일관된 정보를 표시해 문서를 보
다 전문적이고 완성도 있는 것으로 만들어 줍니다.

하면 된다! } 머리말 추가하기와 수정하기

1. ❶ 첫 번째 쪽에 커서를 두고 [쪽] → [머리말] → [머리말/꼬리말]을 선택하거나
　　단축키 Ctrl + N, H를 누릅니다.
　　❷ [머리말/꼬리말]에서 기본값 그대로 두고 [만들기]를 누릅니다.

2. 머리말 영역이 활성화되고 나머지는 비활성화됩니다. ❶ 머리말 영역에 국민 삶의
질 지표를 입력한 후 ❷ [닫기]를 누르거나 Shift + Esc를 누릅니다. 다음 쪽으로 스
크롤하면 모든 쪽에 머리말이 추가된 것을 알 수 있습니다.

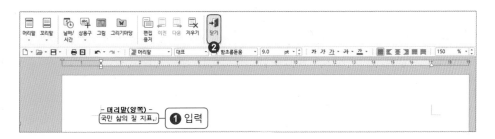

3. 이번에는 머리말을 오른쪽으로 정렬해 보겠습니다.

❶ 머리말을 수정하려면 먼저 머리말 영역에서 더블클릭합니다.

❷ 머리말 영역이 활성화되면 [오른쪽 정렬]을 선택하고 ❸ [닫기]를 누릅니다.

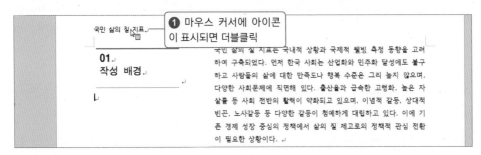

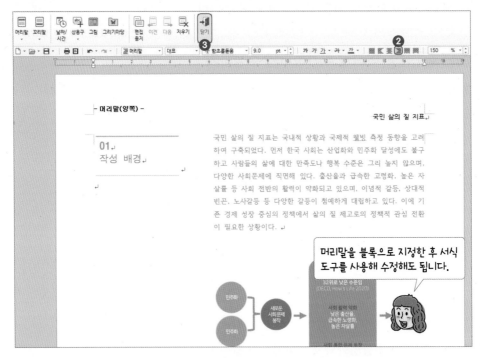

하면 된다! ⟩ 꼬리말을 사용해 현재 쪽/전체 쪽 번호 나타내기

문서를 인쇄할 때 문서 하단에 현재 쪽과 전체 쪽 번호가 있으면 문서 전체가 인쇄되었는지 빠르게 확인할 수 있다는 장점이 있습니다. 간혹 용지 부족으로 마지막 쪽이 인쇄되지 않는 경우에 미리 발견할 수 있습니다.

1. 단축키 Ctrl + N, H를 눌러 [머리말/꼬리말]을 실행합니다.

❶ [종류]에서 꼬리말을 선택한 후 ❷ [만들기]를 누릅니다.

2. [머리말/꼬리말] → [상용구] → [현재 쪽/전체 쪽수]를 선택합니다.

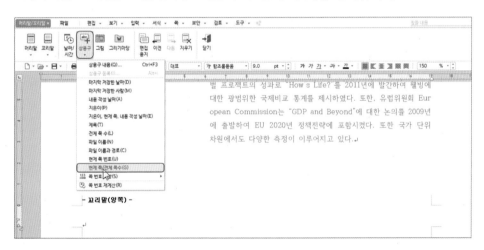

3. ❶ 삽입된 꼬리말을 가운데 정렬 한 후 ❷ [닫기]를 누릅니다.

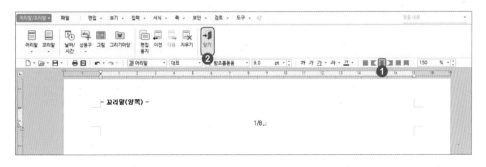

하면 된다! } 머리말/꼬리말 지우기

머리말과 꼬리말을 지우는 방법은 동일합니다.

❶ 머리말 여백에서 더블클릭한 후 [지우기]를 선택합니다.

❷ 메시지 창이 뜨면 [지움]을 누릅니다.

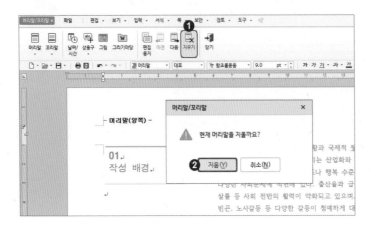

머리말/꼬리말을 쪽마다 다르게 지정하기

머리말/꼬리말을 쪽마다 위치를 다르게 지정하거나 내용을 다르게 넣을 수 있습니다. 예를 들어 제본할 경우 펼쳤을 때 짝수 쪽과 홀수 쪽 위치에 맞게 머리말/꼬리말을 배치할 수 있고, 머리말 내용도 다르게 넣을 수 있습니다. 또한 특정 쪽부터 머리말 내용을 다르게 지정할 수 있습니다.

하면 된다! } 홀수 쪽, 짝수 쪽 머리말을 다르게 지정하기

짝수 쪽 머리말은 왼쪽에 입력해 배치하고, 홀수 쪽 머리말은 오른쪽에 입력해 배치해 보겠습니다.

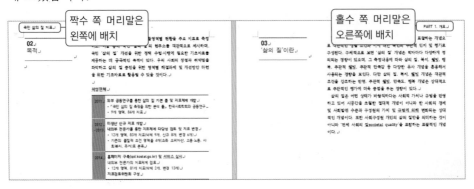

1. 첫 번째 쪽에서 단축키 Ctrl + N, H을 눌러 [머리말/꼬리말]을 실행합니다.

> ❶ [종류]는 머리말, ❷ [위치]는 홀수 쪽을 선택한 후 ❸ [만들기]를 누릅니다.

2. 머리말 영역이 활성화되면 ❶ PART 1. 개요를 입력하고 ❷ 오른쪽 정렬을 선택합니다. Shift + Esc 를 눌러 머리말을 닫습니다.

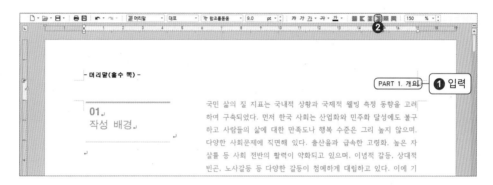

3. 첫 번째 쪽에서 다시 [머리말/꼬리말]을 실행합니다.

> ❶ [위치]를 짝수 쪽으로 선택한 후 ❷ [만들기]를 누릅니다.

4. 머리말 영역에 국민 삶의 질 지표를 입력한 후 (Shift) + (Esc)를 눌러 머리말을 닫습니다.

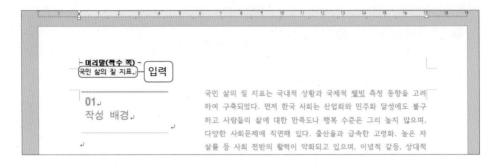

5. [쪽 모양]을 맞쪽으로 설정해서 확인해 보면 1쪽은 오른쪽에 머리말이 배치되고, 2쪽은 왼쪽, 3쪽은 오른쪽에 배치된 것을 알 수 있습니다.

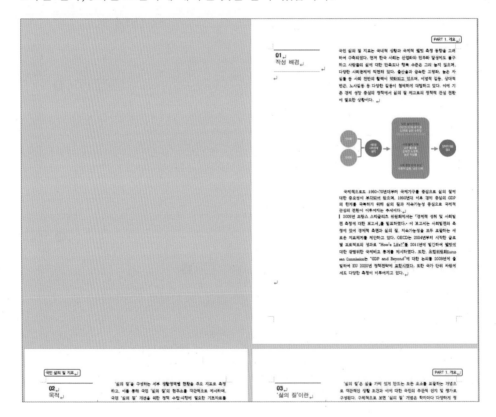

하면 된다! ﹜ 특정 쪽부터 머리말 내용을 다르게 지정하기

5쪽부터 홀수 쪽의 머리말을 '01 가족·공동체'로 변경해 보겠습니다.

1. 5쪽에서 단축키 Ctrl + N, H를 눌러 [머리말/꼬리말]을 실행한 후 ❶ 홀수 쪽을 선택하고 ❷ [만들기]를 누릅니다.

2. ❶ 머리말 영역에 01 가족·공동체를 입력하고 ❷ 오른쪽 정렬을 선택한 후 ❸ [닫기]를 누릅니다.

5쪽 이후 홀수 쪽의 머리말이 '01 가족·공동체'로 변경됩니다.

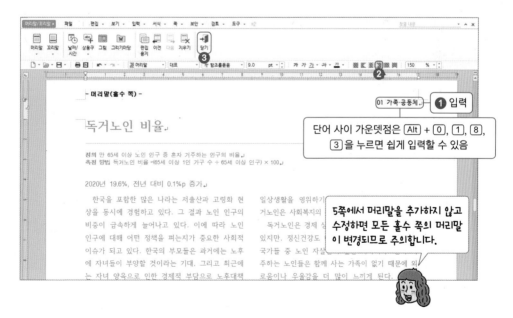

06-2
쪽 번호 매기기

• 실습 파일 06-2_실습.hwp   • 완성 파일 06-2_완성.hwp

앞에서 머리말/꼬리말을 사용해 쪽 번호를 삽입했습니다. 이번에는 복잡한 절차 없이 문서에서 빠르게 쪽 번호를 삽입하는 방법을 소개하겠습니다. 또한 표지와 차례가 있는 쪽을 제외한 다음 쪽부터 번호를 삽입하거나 문서를 제본해 펼쳤을 때 좌우로 쪽 번호가 표시되도록 설정하는 방법도 배워 보겠습니다.

하면 된다! } 쪽 번호 매기기

1. ❶ [쪽] → [쪽 번호 매기기]를 선택하거나 단축키 Ctrl + N, P를 누릅니다.

　❷ [쪽 번호 매기기]가 실행되면 기본값 그대로 두고 [넣기]를 누릅니다.

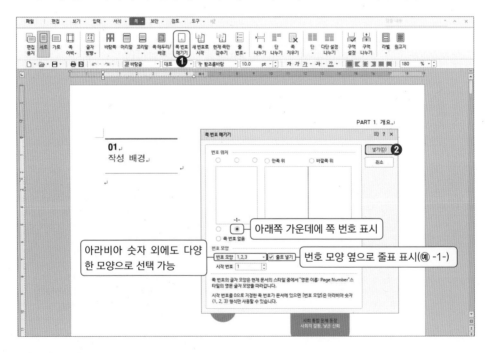

2. 아래쪽 가운데에 쪽 번호가 추가되었습니다. 스크롤해 보면 두 번째, 세 번째 쪽에도 쪽 번호가 추가된 것을 확인할 수 있습니다.

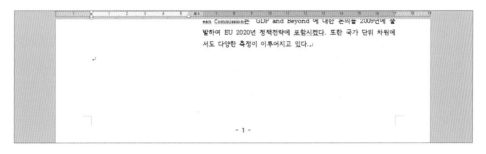

하면 된다! ﹥ 표지 또는 차례가 들어갈 빈 쪽 추가하기

이번에는 문서 첫 쪽에 표지 또는 차례가 들어갈 빈 쪽을 추가해 보겠습니다.

1. '01 작성 배경' 제목 상자 왼쪽에 커서를 둔 상태에서 단축키 Ctrl + Enter 를 눌러 쪽을 나눕니다. 추가된 빈 쪽에 표지 또는 차례를 작성하면 되겠죠? 표지와 차례를 작성할 두 쪽을 추가하려면 Ctrl + Enter 를 두 번 누르면 됩니다.

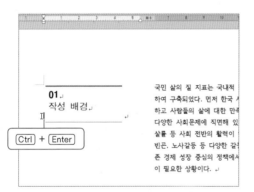

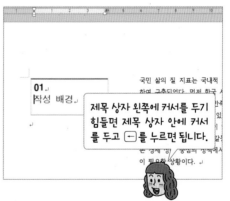

하지만 현재 문서는 2단으로 나누어진 다단 문서입니다. 다단 문서에서 쪽을 나누었을 때 추가된 쪽도 2단으로 나누어진 쪽이 됩니다. 그런데 표지나 차례는 단이 나누어진 문서에 작성하지 않습니다. 이 경우에는 단순히 쪽을 나누는 것이 아니라 구역 나누기를 해야 합니다.

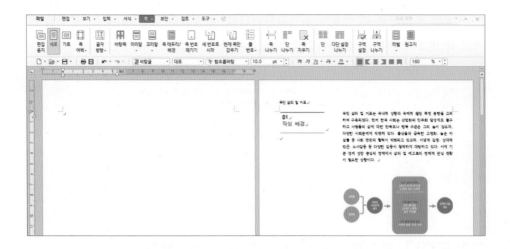

2. Ctrl + Z 를 눌러 쪽 나누기를 취소하고 [쪽] → [구역 나누기]를 선택하거나 단축키 Alt + Shift + Enter 를 누릅니다. 구역 나누기를 하면 페이지마다 단 모양, 용지 여백, 방향을 다르게 지정할 수 있습니다.

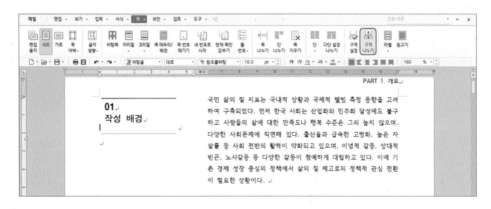

3. 추가된 쪽에 커서를 두고 [쪽] → [단 ▾] → [하나]를 선택합니다.

하면 된다! } 감추기와 새 번호로 시작하기

표지나 차례가 작성될 쪽에는 보통 쪽 번호를 표시하지 않는다고 했는데, 다음 예시의 추가된 페이지에는 쪽 번호가 표시되어 있습니다. 쪽 번호를 감추고 본문이 시작되는 쪽부터 1쪽이 되도록 설정해 보겠습니다.

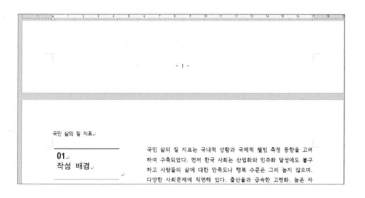

1. ❶ 추가된 쪽에 커서를 두고 [쪽] → [현재 쪽만 감추기]를 선택합니다.

❷ [감추기]가 실행되면 [감출 내용]으로 쪽 번호에 체크 표시한 후 ❸ [설정]을 누릅니다.

1쪽의 쪽 번호가 감춰졌지만 여전히 본문이 시작되는 페이지가 2쪽입니다.

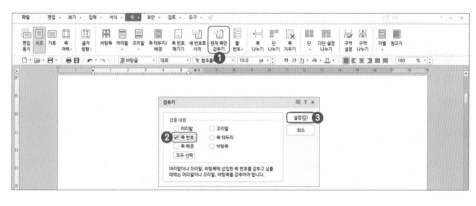

2. ❶ 2쪽에 커서를 두고 [쪽] → [새 번호로 시작]을 선택합니다.

❷ [새 번호로 시작]에서 쪽 번호가 선택되고 [시작 번호]가 1인 상태에서 [넣기]를 누릅니다.

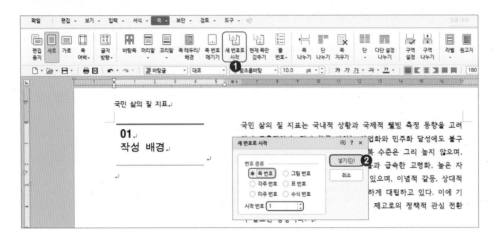

하면 된다! ⎬ 문서를 펼쳤을 때 왼쪽, 오른쪽에 쪽 번호 배치하기

이번에는 문서를 펼쳤을 때 쪽 번호가 짝수 쪽은 왼쪽에, 홀수 쪽은 오른쪽에 표시되도록 배치해 보겠습니다.

1. [쪽] → [쪽 번호 매기기]를 선택해 [쪽 번호 매기기]를 실행합니다.

❶ [번호 위치]를 바깥쪽 아래로 선택합니다.

❷ [번호 모양]에서 줄표 넣기의 체크 표시를 해제하여 쪽 번호를 줄표 없이 표시한 후 **❸** [넣기]를 누릅니다.

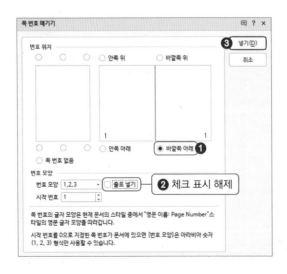

2. ❶ 화면 오른쪽 아래에 있는 [확대/축소]를 누릅니다.

　　❷ [쪽 모양]을 맞쪽으로 선택한 후 ❸ [설정]을 누릅니다.

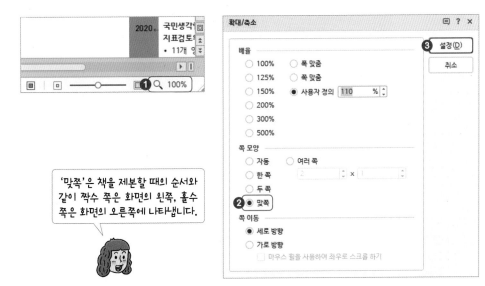

'맞쪽'은 책을 제본할 때의 순서와 같이 짝수 쪽은 화면의 왼쪽, 홀수 쪽은 화면의 오른쪽에 나타냅니다.

맞쪽 자세히 알아보기

맞쪽 모양은 제본된 문서를 펼쳤을 때 모양을 떠올리면 됩니다. 쪽 번호가 없는 (표지나 차례) 쪽, 그다음 1쪽(홀수 쪽), 다시 펼치면 2쪽과 3쪽이 표시됩니다. 참고로 두 쪽 모양은 오른쪽 예시를 참고하면 맞쪽과 구분되어 이해할 수 있습니다.

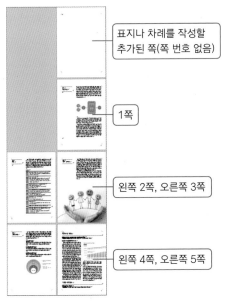

표지나 차례를 작성할 추가된 쪽(쪽 번호 없음)

1쪽

왼쪽 2쪽, 오른쪽 3쪽

왼쪽 4쪽, 오른쪽 5쪽

쪽 모양: 맞쪽

쪽 모양: 두 쪽

Ctrl 을 누른 상태에서 마우스 휠을 위/아래로 굴려 화면을 보기 편하게 확대/축소합니다. 쪽 바깥쪽에 쪽 번호가 줄 표시 없이 추가되었습니다.

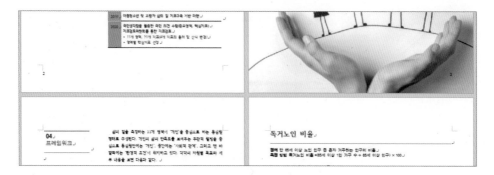

질문 있어요! 쪽 번호가 안 보이는 페이지가 있다면?

쪽 번호를 삽입한 문서에서 쪽 번호가 안 보이는 쪽이 있다면 해당 쪽에 [감추기]가 설정되어 있을 수 있습니다. 이 경우에는 쪽 번호 감추기를 취소하면 됩니다.

쪽 번호가 안 보이는 쪽에서 [쪽] → [현재 쪽만 감추기]를 선택한 후 쪽 번호의 체크 표시를 해제하고 [설정]을 누릅니다.

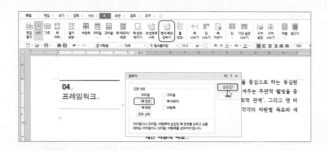

감추기를 취소했는데도 쪽 번호가 보이지 않을 수 있습니다. 여러 문서의 내용을 발췌하여 현재 작성 중인 문서에 복사해 편집하는 경우 생길 수 있는 문제입니다.

[보기] → [조판 부호]에 체크 표시하면 문서에 보이는 빨간색 글자가 조판 부호입니다. 현재 문서에 [감추기] 조판 부호가 보이죠? [감추기] 조판 부호를 삭제하면 쪽 번호가 보이지 않는 문제를 찾아 해결할 수 있습니다.

06-3
차례(목차) 만들기

• 실습 파일 06-3_실습_1~2.hwp • 완성 파일 06-3_완성_1~2.hwp

차례(목차)는 문서의 제목을 한곳으로 모아 본문 중에서 어느 쪽에 있는지 쪽 번호를 붙여주는 기능으로 문서의 구조를 빠르게 파악할 수 있습니다. 본문의 제목뿐만 아니라 표, 그림, 수식도 차례를 만들 수 있습니다.

일반적으로 차례는 본문의 제목으로 만듭니다. 제목 차례를 만드는 방법에는 개요 번호를 붙여 작성한 문서라면 개요 문단으로 모으기, 스타일이 설정된 문단을 차례로 작성하려면 스타일 모으기, 마지막으로 직접 차례를 작성할 제목에 코드를 삽입하는 차례 코드로 모으기까지 3가지 방법이 있습니다.

차례를 작성하려면 먼저 문서에 쪽 번호를 삽입해 놓아야 합니다. 06-2에서 표지나 차례를 삽입할 빈 쪽을 추가한 후 본문이 시작되는 쪽부터 쪽 번호를 매기는 방법을 알아보았습니다. 그럼 차례를 만들어 보겠습니다.

하면 된다! ⟩ 개요 번호를 사용한 문서에서 차례(목차) 만들기

이번 실습은 06-3_실습_1.hwp 파일을 열어 진행하겠습니다. 현재 문서에는 쪽 번호가 매겨져있고, 개요 번호를 사용해 3개 수준으로 문단이 구성되어 있는데, 개요 번호를 사용한 문서는 클릭 한두 번으로 차례를 빠르게 작성할 수 있습니다. 첫 쪽에 차례를 작성하겠습니다. 본문을 보면 1수준과 2 수준의 문단이 제목 차례에 적합합니다. 물론 더 상세하게 차례를 작성하려면 3 수준까지 작성하면 됩니다. 그럼 가볍게 1 수준의 문단을 차례로 작성해 보겠습니다.

1. 차례를 삽입할 첫 번째 쪽을 선택한 후 [도구] → [제목 차례] → [차례 만들기]를 선택합니다.

2. ❶ 제목 차례와 개요 문단으로 모으기에 체크 표시하고 [개요 수준]은 1 수준까지로 선택합니다.

❷ 표 차례, 그림 차례, 수식 차례는 체크 표시를 해제합니다. 본문에 표가 여러 개 작성되어 있을 때 표 차례를 작성하면 표가 있는 페이지를 빠르게 찾을 수 있습니다.

❸ 마지막으로 [차례 형식]을 필드로 넣기로 선택합니다. '필드로 넣기'로 차례를 작성하면 쪽 위치가 달라졌거나 제목이 수정되어도 차례를 다시 작성할 필요가 없습니다. ❹ [만들기]를 누릅니다.

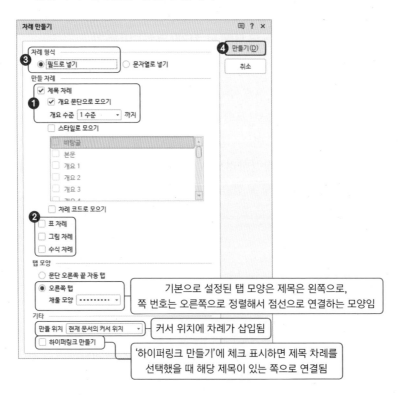

3. 1 수준의 제목이 차례 내용으로 작성되고 오른쪽 끝에 쪽 번호가 표시됩니다. 차례를 직접 입력한다면 시간이 오래 걸리겠죠? 개요 번호로 본문을 작성하면 여러 가지 이점이 있지만 그중 차례 만들기도 아주 쉽게 할 수 있습니다.

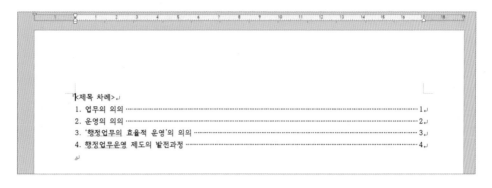

하면 된다! ⫸ 글상자를 사용해 차례(목차) 꾸미기

다음 예시와 같이 2 수준까지 제목 차례를 작성하고 글상자를 사용해 꾸며 보겠습니다.

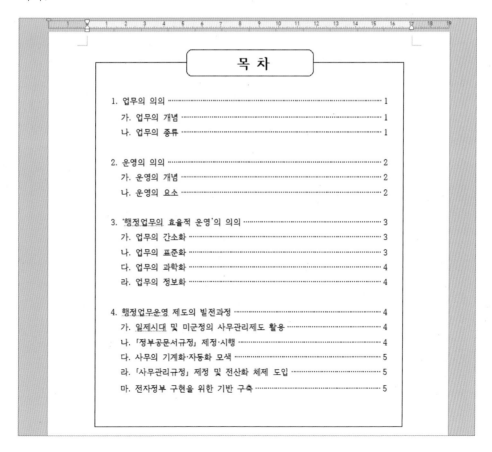

1. 앞서 작성한 차례를 지웁니다. [보기] → [쪽 맞춤]을 선택해 화면에 쪽 전체가 보이도록 보기 설정을 변경합니다.

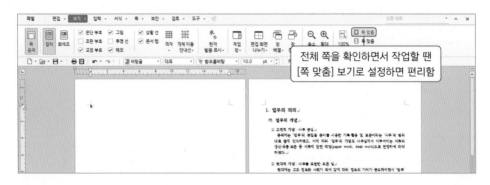

전체 쪽을 확인하면서 작업할 때 [쪽 맞춤] 보기로 설정하면 편리함

2. ❶ [입력] → [가로 글상자]를 선택한 후 ❷ 오른쪽 아래로 드래그해 글상자를 삽입합니다.

❸ 다시 [가로 글상자]를 선택해 ❹ '목차' 제목을 입력할 글상자를 삽입합니다.

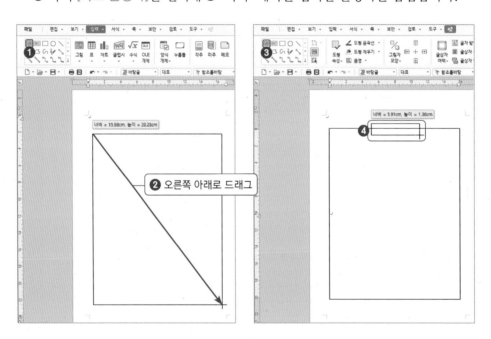

3. 글상자 2개를 쪽의 가로 가운데로 배치하겠습니다. 글상자가 쪽의 가운데에 배치되지 않고 한쪽으로 치우쳐 작성되면 완성도가 떨어집니다.

❶ '목차' 제목을 입력할 글상자를 더블클릭하거나 글상자를 선택하고 단축키 P를 누릅니다.

❷ [개체 속성]에서 [가로] 쪽의 가운데를 선택하고 ❸ [설정]을 누릅니다. 같은 방법으로 차례(목차) 내용이 작성될 글상자도 [가로] 쪽의 가운데로 배치합니다.

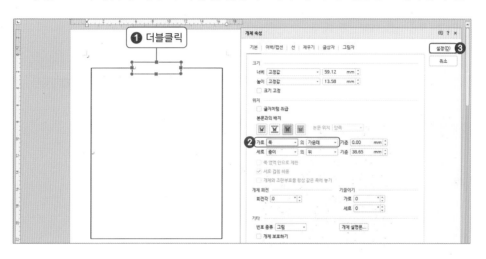

4. ❶ 제목 글상자에 목　차를 입력한 후 ❷ 차례 내용이 작성될 글상자에 커서를 두고 ❸ [도구] → [제목 차례]를 선택해 [차례 만들기]를 실행합니다.

❹ [만들 차례]에서 [개요 수준]을 2 수준까지로 설정한 후 ❺ [만들기]를 누릅니다.

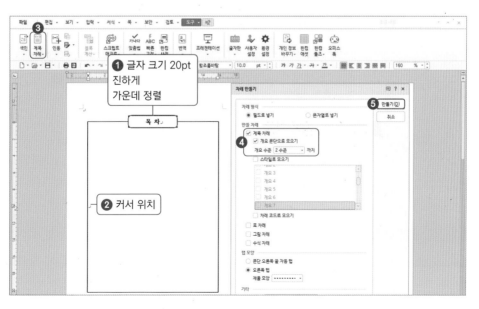

5. 2 수준까지 제목 차례가 작성됩니다.

❶ 단축키 [Ctrl] + [A]를 눌러 차례 내용을 모두 선택한 후 [Alt] + [T]를 눌러 [문단 모양]을 실행합니다.

❷ [왼쪽]과 [오른쪽] 여백을 20pt로 입력해 좌/우 여백을 설정하고 ❸ [줄 간격]을 220%로 넓게 설정한 후 ❹ [설정]을 누릅니다.

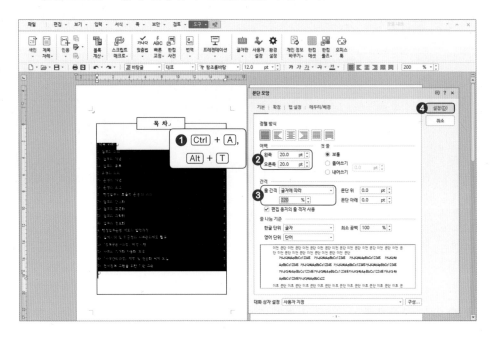

6. ❶ 2 수준의 차례 내용을 블록으로 지정한 후 [Alt] + [T]를 눌러 [문단 모양]을 실행합니다. ❷ [왼쪽] 여백을 35pt로 입력하고 ❸ [설정]을 누릅니다.

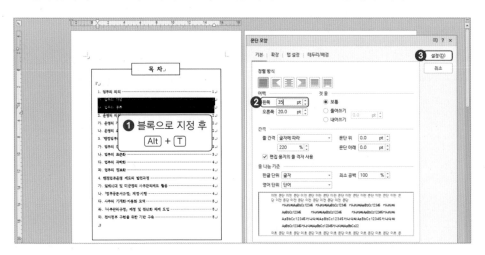

7. 1 수준과 2 수준이 쉽게 구별됩니다. 모양 복사를 사용해 나머지 2 수준에도 왼쪽 여백을 적용하겠습니다.

❶ 가. 업무의 개념에서 커서를 두고 단축키 [Alt] + [C]를 눌러 [모양 복사]를 실행합니다.

❷ 문단 모양을 선택한 후 ❸ [복사]를 누릅니다.

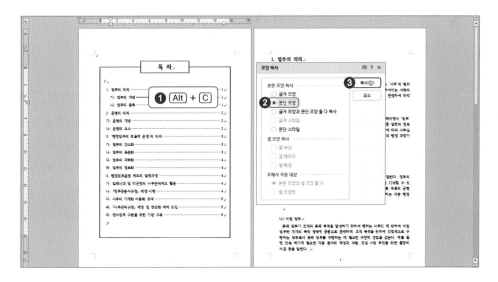

8. 가. 운영의 개념, 나. 운영의 요소를 블록으로 지정한 후 [Alt] + [C]를 눌러 복사한 모양을 적용합니다. 3과 4의 2 수준 내용도 블록으로 지정한 후 [Alt] + [C]를 눌러 복사한 모양을 적용합니다.

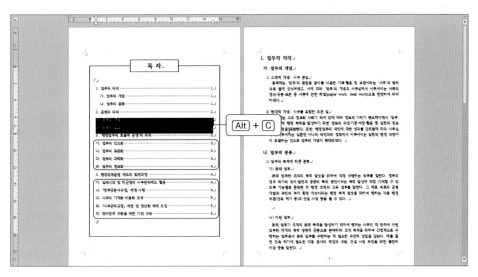

하면 된다! ⟩ 개요 번호를 사용하지 않은 문서에서 차례(목차) 만들기

개요 번호를 사용하지 않은 문서에서 차례를 작성하려면 차례로 작성할 제목에 [제목 차례] 표시를 해야 합니다. 06-3_실습_2.hwp 파일을 열고 개요 번호를 사용하지 않은 문서에서 차례 작성법을 배워 보겠습니다.

1. ❶ 작성 배경 앞에 커서를 두고 ❷ [도구] → [제목 차례] → [제목 차례 표시]를
   선택하거나 단축키 Ctrl + K, T를 누릅니다.

이때 '01'과 '작성 배경'이 문단이 나누어져 있어 차례 내용으로 '01 작성 배경'을 한 번에 표시할 수 없으므로 '작성 배경' 앞에 커서를 두고 [제목 차례] 표시를 합니다. 이후 차례가 완성되면 직접 01을 입력해서 붙이면 됩니다.

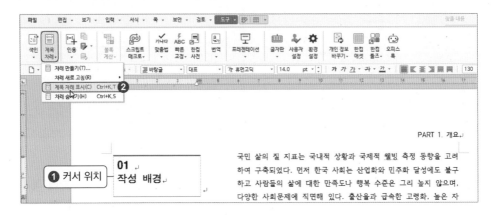

2. [제목 차례] 표시를 했지만 화면에는 아무 변화가 없습니다. 이런 경우 [보기] → [조판 부호]에 체크 표시하면 조판 부호로 [제목 차례] 표시를 확인할 수 있습니다.

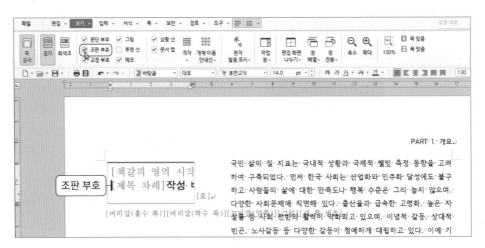

3. 마지막 쪽까지 제목에 커서를 두고 Ctrl + K , T 를 눌러 [제목 차례] 표시를
합니다.

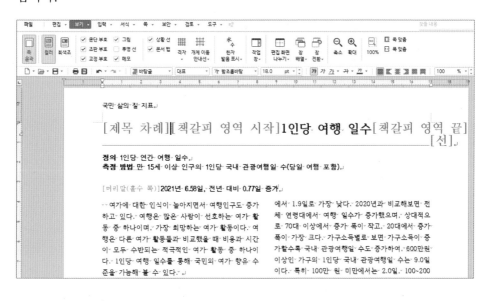

4. 차례를 삽입할 첫 쪽에 커서를 두고 ❶ [도구] → [제목 차례] → [차례 만들기]를
선택한 후 ❷ 제목 차례와 ❸ 차례 코드로 모으기에 체크 표시하고 ❹ 표 차례, 그림
차례, 수식 차례는 체크 표시를 해제합니다. 나머지 설정은 예제를 참고해서 설정하
고 ❺ [만들기]를 누릅니다.

5. 차례가 완성되었습니다. 작성 배경, 목적, '삶의 질'이란, 프레임워크 왼쪽에 각각 본문에 작성된 번호에 맞게 직접 번호를 입력합니다.

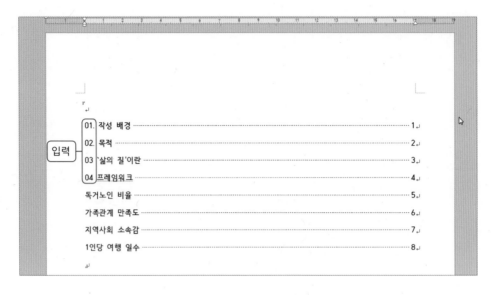

표 차례 만들기

표에 삽입된 캡션으로 표 차례를 만들 수 있습니다. 표에 캡션을 삽입한 후 [도구] → [제목 차례] → [차례 만들기]를 선택합니다. 표 차례에 체크 표시한 후 [만들기]를 누르면 됩니다.

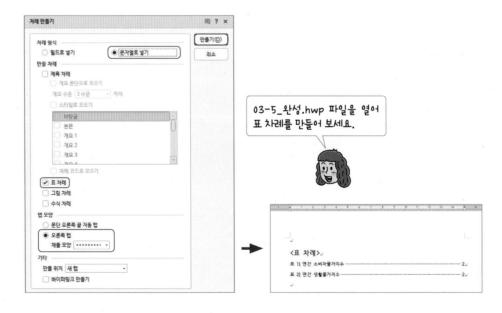

03-5_완성.hwp 파일을 열어 표 차례를 만들어 보세요.

06-4
각주와 미주 삽입하기

• 실습 파일 06-4_실습.hwp • 완성 파일 06-4_완성.hwp

본문 내용에 대한 보충 자료를 구체적으로 제시하거나 인용한 자료의 출처 등을 표시할 때 각주와 미주를 사용할 수 있습니다. 각주 내용은 각주를 삽입한 쪽 아래에 표시되고, 미주 내용은 미주를 삽입한 쪽과 관계없이 문서 맨 끝에 표시됩니다.

하면 된다! } 각주 삽입하기

1. ❶ 각주를 삽입할 단어 오른쪽에 커서를 두고 ❷ [입력] → [각주]를 선택하거나 단축키 Ctrl + N, N을 누릅니다.

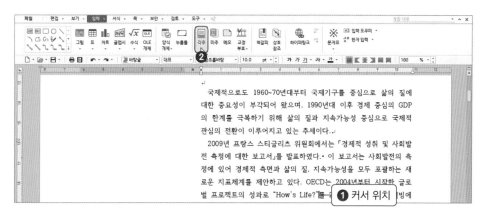

2. 단어 오른쪽에 각주 번호 1)이 표시되고 쪽 아래에 구분선이 들어가며 각주 내용을 입력할 수 있습니다. 각주를 입력한 후 [주석] → [닫기]를 누르지 않아도 본문 영역을 선택하면 각주가 완료됩니다.

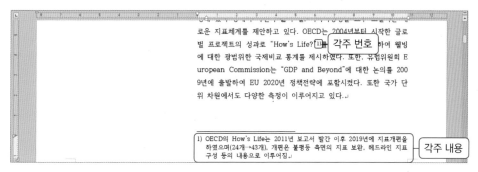

3. 다시 각주 영역을 선택합니다. 주석 메뉴가 표시되고 번호 모양, 번호 모양 크기를 선택할 수 있고, 구분선 길이나 색상 등을 변경할 수 있습니다.

❶ [주석] → [번호 모양] → *, **, ***를 선택합니다.

❷ [구분선 길이]를 단 너비로 변경합니다.

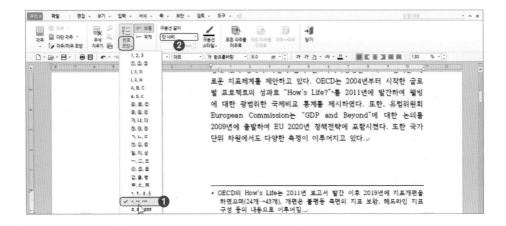

하면 된다! 〉 미주 삽입하기

1. ❶ 미주를 삽입할 단어 오른쪽에 커서를 두고 ❷ [입력] → [미주]를 선택합니다. 단축키 Ctrl + N, E 를 눌러도 됩니다.

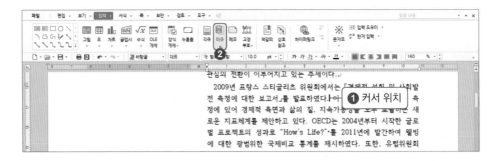

2. 문서 마지막 쪽에 미주 번호가 표시되면 미주 내용을 입력합니다.

하면 된다! 〉 미주를 각주로 변경하기

1. 이미 삽입한 미주를 각주로 변경해 보겠습니다.

❶ 미주 영역에 커서를 두고 ❷ [주석] → [모든 미주를 각주로]를 선택합니다.

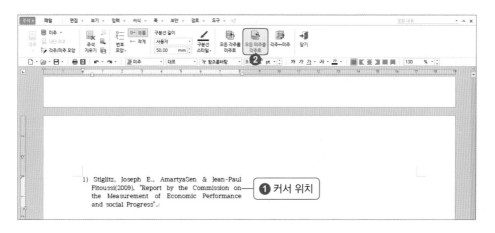

2. 미주가 각주로 변경되어 미주 번호가 삽입된 쪽 아래로 이동하였습니다. 번호 모양이 먼저 삽입한 각주 번호 모양으로 변경되고, 문서 내용의 순서에 맞게 번호가 자동으로 변경됩니다.

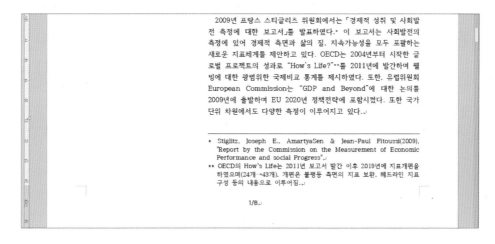

하면 된다! 〉 각주/미주 지우기

이번에는 각주/미주를 삭제해 보겠습니다.

❶ 각주와 미주의 내용이 입력된 영역에 커서를 두고 ❷ [주석] → [주석 지우기]를 선택합니다.

❸ 메시지 창이 나타나면 [지움]을 누릅니다. 커서 위치의 각주가 지워집니다.

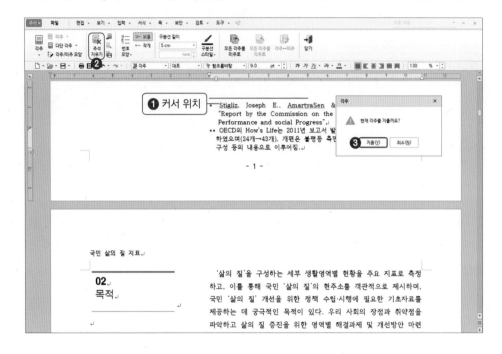

06-5
책갈피와 하이퍼링크

• 실습 파일 06-5_실습.hwp   • 완성 파일 06-5_완성.hwp

분량이 많은 문서를 편집할 때 본문의 특정 위치에 책갈피로 표시해 두면 현재 커서
위치와 상관없이 표시해 둔 곳으로 빠르게 이동할 수 있어 편리합니다. 책갈피와 함
께 하이퍼링크를 사용하면 텍스트 또는 그림에 특정 문서 위치를 연결해 클릭하는
순간 쉽게 이동할 수 있습니다.

하면 된다! } 책갈피 삽입해 빠르게 쪽 이동하기

9쪽 분량의 문서에서 제목마다 책갈피를 삽입해 빠르게 쪽으로 이동하는 방법을 배
워 보겠습니다.

1. ❶ 01 작성 배경을 블록으로 지정하고 **❷** [입력] → [책갈피]를 선택한 후 **❸** [넣
기]를 누릅니다. 블록으로 지정한 내용이 책갈피 이름으로 등록됩니다.

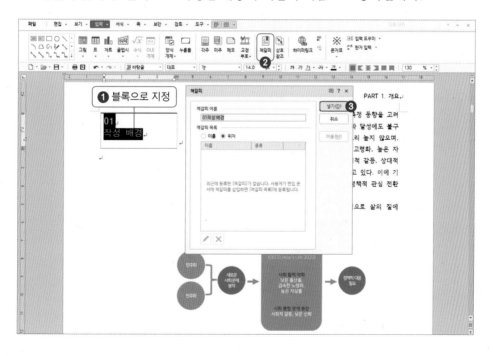

2. 계속해서 페이지마다 제목을 책갈피로 등록하겠습니다.

❶ 2쪽에서 02 목적을 블록으로 지정한 후 책갈피 단축키 [Ctrl] + [K], [B]를 누릅니다. [책갈피]가 실행되고 책갈피 목록에서 앞서 등록한 '01작성배경' 책갈피를 확인할 수 있습니다.

❷ [넣기]를 누릅니다. 같은 방법으로 쪽의 제목에 책갈피를 삽입합니다.

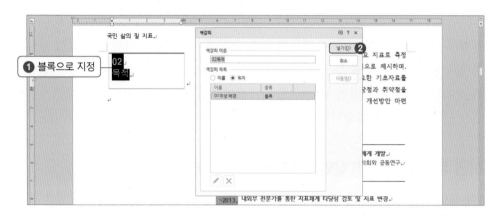

3. 이번에는 책갈피를 삽입한 쪽으로 빠르게 이동해 보겠습니다. [입력] → [책갈피] 또는 단축키 [Ctrl] + [K], [B]를 누릅니다. 책갈피를 선택하고 [이동]을 누르면 현재 커서 위치와 상관없이 책갈피가 선택된 쪽으로 이동합니다.

❶ 가족관계 만족도 책갈피를 선택하고 ❷ [이동]을 누릅니다.

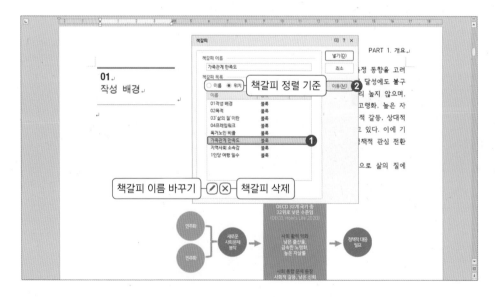

4. '가족관계 만족도' 제목이 있는 쪽으로 빠르게 이동합니다.

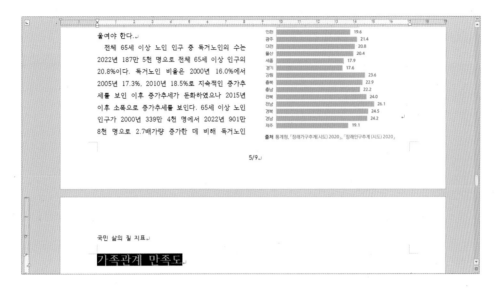

하면 된다! ⎰ 하이퍼링크 삽입하기

책갈피를 실행하지 않고도 해당 위치로 이동할 수 있습니다. 목차에 하이퍼링크를 삽입해 목차를 클릭하는 순간 책갈피가 삽입된 위치로 이동하도록 설정해 보겠습니다.

1. ❶ 01 작성 배경을 블록으로 지정한 후 ❷ [입력] → [하이퍼링크]를 선택하거나 단축키 Ctrl + K, H 를 누릅니다.

❸ [연결 대상]에서 [훈글 문서] 탭을 누르고 ❹ [현재 문서] 아래에 있는 01작성 배경 책갈피를 선택한 후 ❺ [넣기]를 누릅니다.

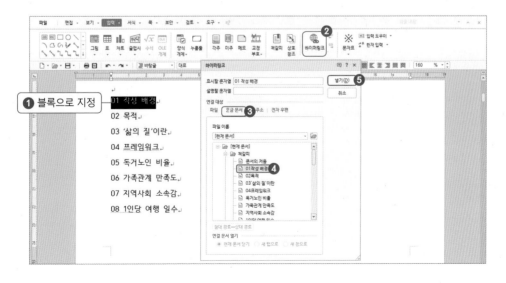

2. 01 작성 배경은 밑줄이 있는 파란색이 적용되고 마우스 커서가 손 모양으로 변경됩니다. 클릭하면 '01 작성 배경' 쪽으로 이동합니다. 같은 방법으로 '02 목적'부터 '08 1인당 여행 일수'까지 각 쪽으로 이동하는 하이퍼링크를 삽입합니다.

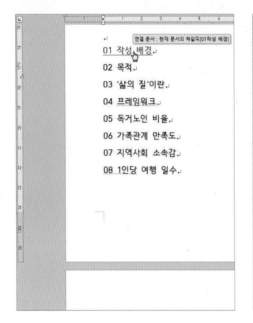 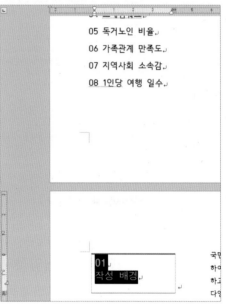

3. 한 번 열어 본 하이퍼링크의 글자 색은 보라색으로 변경됩니다. [도구] → [환경 설정] → [편집] 탭을 선택해 하이퍼링크 글자 모양을 변경할 수 있습니다. '밑줄'의 체크 표시를 해제하면 하이퍼링크가 삽입된 글꼴의 밑줄이 제거되고, 열어 본 링크와 열어 보지 않은 링크의 색상을 변경할 수 있습니다.

하면 된다! } 목차로 이동하는 하이퍼링크 삽입하기

앞에서 목차를 클릭하면 해당 쪽으로 이동하는 하이퍼링크를 삽입했습니다. 반대로 모든 쪽에서 목차로 이동하는 하이퍼링크를 삽입해 보겠습니다.

1. ❶ 1쪽 문서 끝에 [목차]를 입력하고 블록으로 지정한 후 ❷ [입력] → [하이퍼링크] 또는 단축키 Ctrl + K, H를 누릅니다.

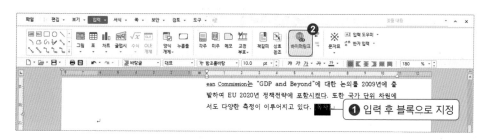

2. ❶ [훈글 문서] 탭을 누르고 ❷ 문서의 처음 책갈피를 선택한 후 ❸ [넣기]를 누릅니다. '문서의 처음'은 기본으로 제공되는 책갈피로 사용자가 직접 삽입하지 않아도 됩니다.

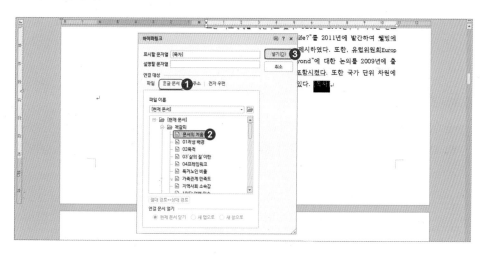

3. 하이퍼링크가 삽입된 [목차]를 클릭하면 목차가 있는 첫 번째 쪽으로 이동합니다.

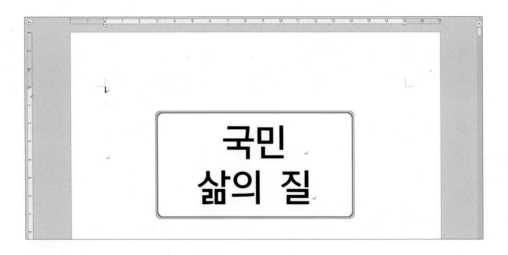

4. 이제 하이퍼링크가 삽입된 [목차]를 복사해 나머지 쪽에 붙여 넣겠습니다. 복사할 때 [목차] 글자만 블록으로 지정하면 하이퍼링크가 삽입되지 않습니다. [보기]를 눌러 조판 부호에 체크 표시하면 [목차] 앞뒤로 [하이퍼링크 시작], [하이퍼링크 끝] 조판 부호가 표시됩니다.

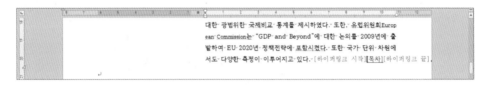

5. ❶ 조판 부호를 포함해 블록으로 지정한 후 Ctrl + C 를 눌러 복사하고 [보기]를 눌러 [조판 부호]의 체크 표시를 해제합니다.

❷ 복사한 것을 2쪽에 붙여 넣고 ❸ 오른쪽 정렬 합니다. 같은 방법으로 나머지 쪽 맨 아래에도 하이퍼링크가 삽입된 [목차]를 붙이기 합니다.

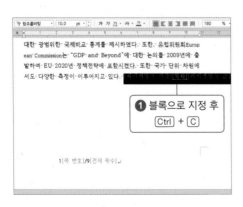

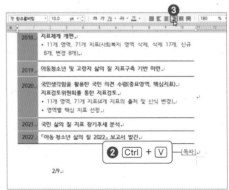

하이퍼링크 고치기와 지우기

연결 대상을 수정하려면 수정할 하이퍼텍스트에서 마우스 오른쪽 버튼을 눌러 [하이퍼링크 고치기]를 선택해 [하이퍼링크 고치기]가 실행되면 연결 대상을 변경한 후 [고치기]를 누르면 됩니다.

하이퍼링크를 제거하려면 [하이퍼링크 고치기]에서 [링크 지우기]를 누르거나 제거하려는 하이퍼텍스트에서 마우스 오른쪽 버튼을 눌러 [하이퍼링크 지우기]를 선택하면 됩니다.

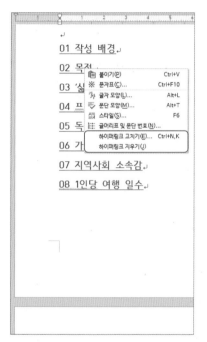

하면 된다! ⟩ 웹 주소 연결하기

웹 페이지를 연결하는 하이퍼링크를 삽입해 보겠습니다. 본문에서 '유럽위원회European Commission'를 클릭하면 해당 홈페이지로 연결되도록 하이퍼링크를 삽입해 보겠습니다.

1. 먼저 유럽위원회 홈페이지에 접속해 주소(https://commission.europa.eu/index_en)를 복사합니다.

2. ❶ 유럽위원회European Commission를 블록으로 지정한 후 단축키 Ctrl +
N, H를 눌러 [하이퍼링크]를 실행합니다. ❷ [웹 주소] 탭을 선택한 후 ❸ [웹
주소] 입력 창에 복사한 주소를 Ctrl + V를 눌러 붙이기 하고 ❹ [넣기]를 누릅
니다.

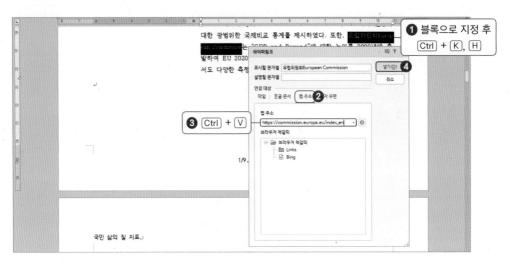

3. 유럽위원회European Commission에 마우스 커서를 놓으면 손 모양으로 바뀌
고 클릭하면 해당 홈페이지에 접속됩니다.

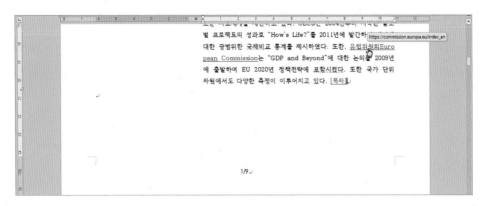

06-6

쪽 복사/붙이기와 문서 끼워 넣기

• 실습 파일 06-6_실습.hwp   • 완성 파일 06-6_완성.hwp

쪽 복사/붙이기

[쪽 복사/붙이기]를 사용하면 복사할 내용을 블록으로 지정하지 않고도 하나의 쪽을 통째로 다른 문서 파일의 특정 위치에 간편하게 붙여 넣을 수 있습니다. 한글 2018 버전 이상에서 사용할 수 있는 기능으로, 이전 버전을 사용하고 있다면 유사 기능인 [문서 끼워 넣기]를 사용하면 됩니다.

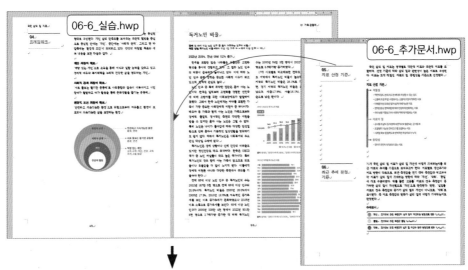

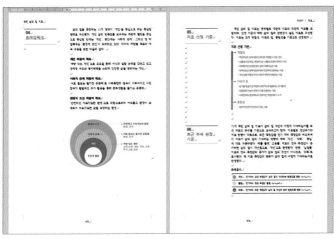

복사할 06-6_추가문서.hwp 파일의 1쪽에서 [쪽 ▼] → [쪽 복사하기]를 누릅니다.
그리고 06-6_실습.hwp 파일의 4쪽을 선택한 후 [쪽 ▼] → [쪽 붙이기]를 누르면
다음 쪽에 간편하게 붙여지고 쪽 번호가 자동으로 업데이트됩니다.

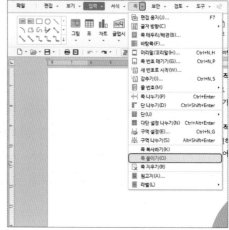

하면 된다! } 문서 끼워 넣기

[쪽 복사/붙이기]와 유사한 기능으로 서로 다른 파일로 만들어진 2개 이상의 문서
를 하나로 합칠 때 [문서 끼워 넣기]를 사용하면 편리합니다. [쪽 복사/붙이기]는
하나의 쪽 단위로 추가할 수 있지만 [문서 끼워 넣기]는 문서 파일을 통째로 끼워
넣으므로 여러 쪽의 문서를 한꺼번에 합칠 수 있습니다.

1. 4쪽 맨 아래 문단 부호에 커서를 두고 [입력 ▼] → [문서 끼워 넣기]를 선택하거
나 단축키 Ctrl + O 를 누릅니다.

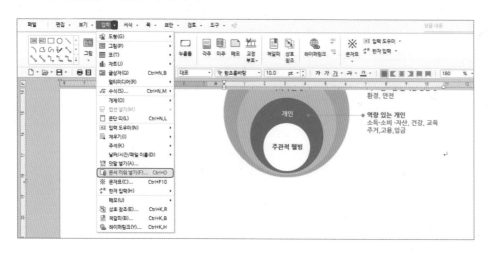

2. ❶ 06-6_추가문서.hwp 파일을 선택하고 ❷ 아래 옵션 4개에 모두 체크 표시한

후 ❸ [넣기]를 누릅니다. 커서 이후로 문서가 추가되고 쪽 번호가 자동으로 업데

이트됩니다.

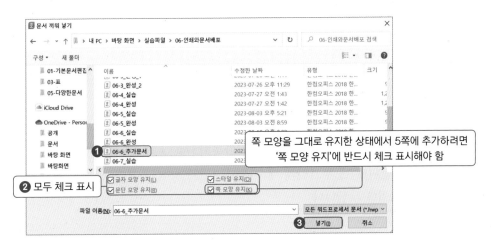

문서 끼워 넣기 옵션 더 알아보기

- **글자 모양 유지:** 끼워 넣을 문서의 글자 모양을 그대로 유지한 상태로 끼워 넣습니다. 원본
  문서에 대상 문서와 같은 스타일 이름이 있어도 대상 문서의 글자 모양을 유지하여 끼워 넣
  기 됩니다.
- **문단 모양 유지:** 끼워 넣을 문서의 문단 모양을 그대로 유지한 상태로 끼워 넣습니다. 원본
  문서에 대상 문서와 같은 스타일 이름이 있어도 대상 문서의 문단 모양을 유지해 끼워 넣기
  됩니다.
- **스타일 유지:** 원본 문서에 대상 문서와 같은 스타일 이름이 있으면 대상 문서의 스타일 이름
  뒤에 '스타일이름(1)'을 표시해 끼워 넣기 됩니다.
- **쪽 모양 유지:** 현재 커서 위치를 기준으로 앞뒤로 구역을 나눈 후 그 사이에 끼워 넣기 됩니
  다(쪽 모양이 그대 유지됨).

06-7
인쇄와 인쇄 설정

• 실습 파일 06-7_실습.hwp

인쇄하기

현재 컴퓨터에 연결된 프린터 또는 네트워크로 연결된 프린터에서 문서를 인쇄하는 방법은 간단합니다. [파일] → [인쇄] 또는 단축키 Alt + P 를 눌러 [인쇄]를 실행합니다. [인쇄 범위]는 모두, [인쇄 매수]는 1, [인쇄 방식]은 기본 인쇄로 선택되어 있습니다. [인쇄]를 누릅니다.

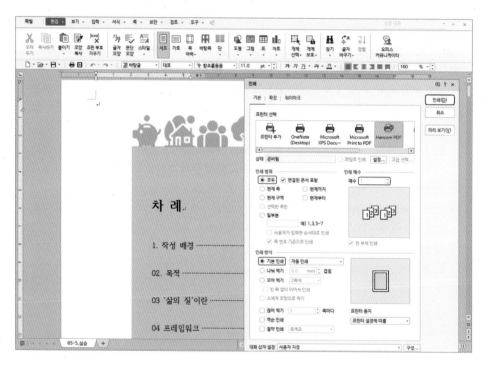

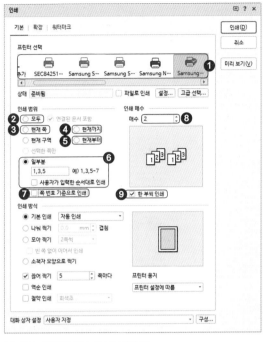

1 프린터 선택: 컴퓨터 또는 네트워크에 연결된 프린터를 선택합니다.

2 모두: 문서의 처음부터 마지막 쪽까지 모든 쪽을 인쇄합니다.

3 현재 쪽: 현재 커서가 있는 쪽을 인쇄합니다.

4 현재까지: 1쪽에서 현재 커서가 있는 쪽까지 인쇄합니다.

5 현재부터: 현재 커서가 있는 쪽부터 마지막 쪽까지 인쇄합니다.

6 일부분: 인쇄할 쪽 번호를 쉼표로 구분해 입력합니다. 연속 페이지는 -로 구분합니다. [사용자가 입력한 순서대로 인쇄]에 체크 표시하면, 예를 들어 2, 1, 4, 3을 입력하면 2쪽을 먼저 인쇄하고 다음 1쪽, 그리고 4쪽, 3쪽 순으로 인쇄합니다.

7 쪽 번호 기준으로 인쇄: 현재 매겨진 쪽 번호를 기준으로 인쇄합니다.

8 매수: 인쇄할 매수를 지정합니다.

9 한 부씩 인쇄: 인쇄 매수 2장 이상을 지정하면 활성화되고, 체크 표시하면 첫 번째 쪽에서 마지막 쪽까지 한 부 인쇄한 후 다시 첫 번째 쪽에서 마지막 쪽까지 한 부 더 인쇄합니다.

하면 된다! ┊ 한 장의 용지에 여러 쪽 인쇄하기

1. 단축키 Alt + P를 눌러 [인쇄]를 실행합니다.

❶ [인쇄 방식]을 모아 찍기, 2쪽씩으로 선택합니다.

❷ [미리 보기]를 누릅니다.

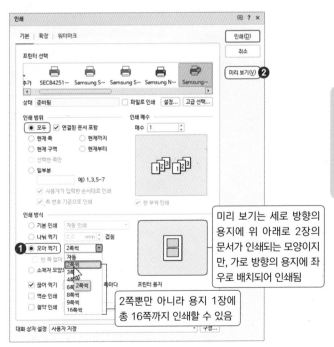

미리 보기는 세로 방향의 용지에 위 아래로 2장의 문서가 인쇄되는 모양이지만, 가로 방향의 용지에 좌우로 배치되어 인쇄됨

2쪽뿐만 아니라 용지 1장에 총 16쪽까지 인쇄할 수 있음

2. ❶ [다음 쪽], [이전 쪽]을 눌러 한 장의 용지에 2쪽씩 인쇄가 제대로 되는지 확인한 후 ❷ [인쇄]를 누릅니다. 미리 보기만 하려면 [닫기]를 누르면 됩니다.

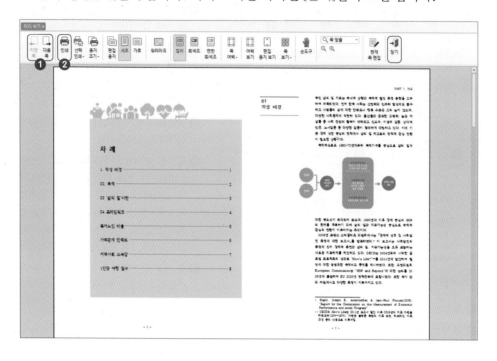

> **질문 있어요!** 맞춤법 검사와 교정 기능을 더 알고 싶어요!

문서 작성이 완료되면 맞춤법 검사를 실행해 틀린 곳을 찾아 올바른 단어로 수정하는 작업을 합니다. 맞춤법 검사기는 표준국어대사전을 포함한 다양한 사전 및 풍부한 전문 용어를 기반으로 정확하고 올바른 단어를 제시해 맞춤법이 틀리면 올바르게 교정합니다.

문서 시작 위치에 커서를 두고 [도구] → [맞춤법]을 선택하거나 단축키 F8 을 누릅니다. [맞춤법 검사/교정]이 실행되면 [시작]을 눌러 맞춤법 검사를 시작합니다.

오타, 띄어쓰기 등의 오류가 발견되는 위치로 이동해 블록으로 표시하고 대치어를 제시합니다. [대치어]에서 바꿀 단어를 선택한 후 [바꾸기]를 누르면 빠르게 바꿔 주고 오류가 발견되는 다음 위치로 이동합니다.

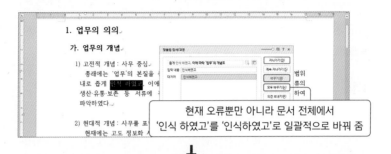

현재 오류뿐만 아니라 문서 전체에서 '인식 하였고'를 '인식하였고'로 일괄적으로 바꿔 줌

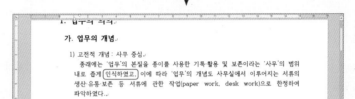

오류로 지적된 단어를 바꾸지 않고 지나가는 때도 있습니다. 다음과 같이 기여할의 순화 용어로 [대치어] 이바지할을 제시했지만, 그대로 사용하려면 [지나가기]를 누르면 됩니다. [계속 지나가기]를 누르면 문서 전체에서 '기여할'이 사용된 곳은 오류로 지적하지 않습니다.

맞춤법 검사가 완료되면 메시지 창이 실행됩니다. 한 번 더 검사하려면 [검사]를 누르고, 완료하려면 [취소]를 누르면 됩니다.

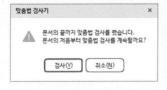